韓国かあさんの味とレシピ

八田靖史

はじめに

韓国と本格的にかかわるようになって20年。
コリアン・フード・コラムニストという肩書きで、
韓国全土津々浦々、ありとあらゆる料理を食べてきました。

あの地域のアレ、有名店のアレ、大好物のアレ。
美味しいものの話だったら、三日三晩だって語れるけれど、
食い意地に任せて食べてきたからこそ思うことがあります。

本当の本当に美味しいのはやっぱりチッパプ（家ごはん）。

どんなに高級食材を使った贅沢な料理であっても、
ガイドブックで星がいくつもつくようなお店であっても、
ド派手できらびやかな雰囲気の宴席であっても。
やっぱりかなわないのが気持ちのこもった手料理なのです。

「あなたが来るから特別にこれを用意したの」
「最近忙しそうだから、これを食べて元気をつけて」
「好きだっていってたからたくさん作ったよ」

食べる人の顔を想像しながら作る料理は、
その人のためのオーダーメイドであり、
愛情もまごころも最大級に込められていて、心から美味しい。
その最たる例が、家族のためにかあさんが作る、
日々のチッパプなのだと思います。

なので、この本ではそんなかあさんの料理を、
できるだけ普段のそのままに詰め込んでみました。
普段よく食べるもの、家族が好きなもの、特別な日に作るもの。
また、料理だけでなくその背景も知って欲しいので、
家族の話や、暮らしぶり、地域の話なども盛り込んで。

登場するのは年齢も地域も生活環境も異なる6人のかあさん。

思った以上にバラエティ豊かな面々であり、
料理へのこだわりもいろいろで、
ひと口にチッパプと言っても千差万別でした。

ぜひ見て欲しいのは細かなレシピではなく、
言うなればかあさんごとの料理哲学。
家族のために美味しいものを作ろうという努力が、
材料ひとつ、手順ひとつに込められています。

もちろん家庭料理なので多少はアバウトな部分も。

どのかあさんも基本は目分量と長年のカンで料理をします。
こうあらねばならないというレシピではなく、
あくまでもその日の料理がそうだったということで、
明日はまた少し違ったレシピになるかもしれません。

今日はこの食材があるから、これを入れてみようかなという、
少しゆるい感じもチッパプならではの大きな魅力です。

家族の笑顔と健康が第一

冷蔵庫の中に愛情があふれる

ソウルの雑踏に身を置くと、
エネルギッシュな空気が伝わる

韓国料理を食べると感じる、
あったかい元気の源が町中にある

目次

料理の前に

レシピについて

掲載した料理はすべて、かあさんに作ってもらったものをその場で撮影しました。レシピはそれを隣で確認しながらまとめたものですが、作業によってはところどころ目分量だったり、かあさんの感覚に頼っている部分があります。そもそもかっちり正確というわけではありませんし、日韓における食材や調味料の違い、台所用品の違いなどで、レシピの通りに作っても同じにならない可能性はあります。かあさんも普段から完璧なレシピで作っているわけではないので、ある程度の目安としてご覧いただけると幸いです。

味付けについて

日本と韓国ではよく似た食材、調味料を使用していますが、ひとつひとつをよく見ると細部で違うことが多々あります。例えば、白菜は日本のほうが水気を多く含んでいますし、大根は韓国だと丸っこくて太いものが一般的です。調味料も塩、醤油、味噌、粉唐辛子については同じ韓国内のものでも差が大きく、少量でも塩気や風味に違いが出ます。特に料理上手なかあさんほどこだわりも強く、普段使いの塩が「ブランドの天日塩を自宅でさらに3年寝かせたもの」だったりします。味付けに関しては作る際に微調整をしてみてください。

食材・調味料について

料理によっては、日本で手に入りにくい食材、調味料が使われていることもあります。本場の雰囲気を伝えるべく、特に代用品は明記していませんが、似たものでアレンジをしてみてもよいかと思います。アミの塩辛、イワシの魚醤、粉唐辛子、エゴマの粉などは日本の韓国食材店でも扱いがあります。甘味として梅エキスを使用している例も多々ありますが、これは韓国でも各家庭で作るものです。青梅と砂糖を1対1の量で容器に入れ、3ヶ月ほど熟成させれば作れるので、本格的に作る人は用意してみてください。

分量について

料理の分量は、その日作っていただいたときのものを基本としています。大家族の場合は取材班も含めて10人分になっていることもありますし、4人分だったり、6人分だったりもします。また、韓国ではいっぺんに大量のおかずを作って、冷蔵庫で常備菜として保管しておくことも多いので、多めになっている場合は比率で割って、ちょうどいい量に直して作ってみてください。

計量について

韓国では大さじ、小さじを使用せず、食事用のスッカラク（スプーン）とティースプーンを目安とすることが多くあります。本書では1スッカラクを1Ｔｂｓｐ（テーブルスプーン）と表記し、ティースプーンは1Ｔｓｐと表記しました。1Ｔｂｓｐは大さじと小さじの中間ぐらいで約10cc、1Ｔｓｐは小さじと同じぐらいで5ccを目安としてください。ただし、これも目安ですので、不安な場合は少なめに入れつつ、味見のうえで調整してみてください。かあさんたちも味見をしながら足したり減らしたりをしていました。

自宅前の小道で撮影。この町がユン・ヨンエかあさんの生まれ故郷だ。子どもの頃は近隣の海南《ヘナム》や光州《クァンジュ》にも住み、結婚後はソウルや日本でも暮らしたが、2016年に戻ってきた。数十年ぶりでも近所はみな知り合いとか。

新大久保の母と慕われていた

ユン・ヨンエかあさん

ワンちゃんたちは朝だけ放し飼いに。自由に遊んで帰ってくる。

かつて東京・新大久保にあった伝説の韓国家庭料理店。まだ韓流という言葉すら世にない時代ではあったが、本場の味を求める熱心な韓国ファンたちにより、わずかテーブル6つだけの小さな店は連日活気にあふれていた。

　ユン・ヨンエかあさんが作る全《チョル》羅《ラ》道《ド》式の家庭料理はもちろんのこと、ご主人であるイ・ソクチョとうさんのフレンドリーな接客がまた魅力であった。テーブルに付きっ切りでサムギョプサル（豚バラ肉の焼肉）を焼いてくれるだけでなく、ときには肉をサンチュに包んで口にあーんと放り込むところまで面倒を見る、世話好きなとうさんならではのサービスも名物だった。美味しい料理をただ提供するのではなく、「韓国料理はこうやって食べるべし！」という信念がストレートに伝わってきた。

　多くの常連客はそのアットホームさを指して、店を「新大久保の我が家」と呼び、またご夫婦を心の父母と慕った。何を隠そうそのうちのひとりが僕である。長年親しくさせていただいたことで、いまではもう家族同然。日本の息子としてかわいがっていただいている。

1. ウコッケイのケージも手作り。ワンちゃんたちは残ったかあさんの手料理を食べる。**2.** 自宅前でチョウセンカクレミノをハウス栽培。**3.** シイタケの原木は家の裏手にある。

　そんなおふたりは現在、韓国南東部の全羅《チョルラ》南《ナム》道《ド》康津《カンジン》郡というところに住んでいる。ソウルから車で行くなら5時間弱。僕らはソウル駅から高速鉄道のＫＴＸ、ローカルバス、迎えに来てくれたユン・ヨンエかあさんの運転する車と乗り継いで、たっぷり5時間少々もかかってようやくたどり着いた。そこは見渡す限りの田畑と、連なる山々、稀に牛舎という模範的な韓国の田舎である。

　もともと康津はユン・ヨンエかあさんの故郷であり、近隣には親戚や昔馴染みが多い。ソウルや釜山にも「本当の」お子さんが住んでいて、立派なマンションもあるのだが、のんびりとした田舎暮らしがいいと3年前に移ってきた。そのとき仮住まいとして用意したコンテナハウスを妙に気に入ってしまい、それをさらにとうさん自慢の大

かあさんの料理は全羅道式をベースに、とうさんの故郷である忠清《チュンチョン》道《ド》の料理も混ざる。毎日のおかずは都度作るのが基本。とうさんが「同じおかずだと２日目はちょっとしか食べないし、3日目は手をつけない」からとか。

工仕事でどんどん拡張した結果、現在はコンテナ3基、ひとつは屋根付きの2階フロアまであるというのが、なんともこのご夫婦らしいところである。

しかも静かな田舎暮らしと思いきや、犬4匹、ネコ7匹、12羽のウコッケイと、2羽のガチョウがいるうえ、コンテナ1基はとうさんが友人らと楽しむカラオケボックスと化している。むしろ田舎がゆえに騒ぎ放題の賑やかな暮らしぶりと言える。

食事の面でも土地柄と土地縁が存分に活かされており、ユン・ヨンエかあさんの得意料理であるタッペクスク（鶏の丸茹で）を、この日は親戚が育てた立派な2kg超サイズのウコッケイで作った。一緒に煮込む材料も、市場で仕入れた韓方材に加えて、家のまわりに生えているハリグワの葉や、栽培している原木シイタケ、チョウセンカクレミノの葉などを、適当に摘んで回って投入している。家の周囲がさながら天然の食材庫だ。

さらに、ユン・ヨンエかあさんが多くの料理で、味の要として用いるエゴマ粉も親戚が栽培したもの。今回はトラジムチム（キキョウの根の和え物）や、ミヨックッ（ワカメスープ）に使用したが、市販のものを凌駕する華やかな香ばしさと、どんな料理をも美味しくする濃厚なコクがたまらない。日本で店をしていた時代に、隠し味として使っていたのもこのエゴマ粉だ。

ちなみにそのエゴマ粉を入れたミヨックッは、誕生日の常連客にサービスとしてふるまう裏メニューでもあった。韓国では出産後の母親が体力回復のために、ミネラル豊富なワカメを大量に食べる習慣があり、これが転じて、母に感謝をしつつ誕生日に食べる料理として定着した。店をしていた頃は、僕も誕生日に作ってもらったし、子どもが生まれたときは妻のためにも作ってもらった。

韓国におけるもっとも象徴的な母の味。僕にとっても大切なおふくろの味である。

1. 帰郷当初は農業をしていたが、1年半後にはこちらが向いていると軽食店を開業。2. 自宅にはとうさんの友人もよく訪ねてくる。

店は車で30分ほどの犢川《トクチョン》バスターミナル前にある。冬はプンオパン（タイ焼き）とホットク（蜜入りのお焼き）、夏はフライドチキンが人気。近隣には高校、大学があるため、帰宅途中の学生が多く立ち寄っている。

ミヨックッ

미역국

誕生日に食べる
慈愛のワカメスープ

たっぷりのワカメをゴマ油で炒めた香りのよいスープ。牛肉との相性も実にぴったりだが、地域によってはアマダイ、カレイといった白身魚や、アサリ、牡蠣、ムール貝などの貝類を合わせる。誕生日に食べる料理として有名だが、日常的な朝食メニューとしても定番。ただし試験の朝だけは例外であり、ぬるっと「滑る」に通じると、この日ばかりは敬遠される。

材料（4人分）

牛モモ肉（薄切り）… 150g	クッカンジャン（薄口醤油）… 2Tbsp	エゴマ粉 … 3Tbsp
乾燥ワカメ … 30g	水 … 1100cc	塩 … 適量
ゴマ油 … 2Tbsp	ニンニク（みじん切り）… 1/2Tbsp	コショウ … 少々

作り方

1. 牛モモ肉をひと口大に切る。
2. 乾燥ワカメを水に浸して戻し、ざるにあげて流水で揉むようによく洗う。
3. **2** を食べやすい大きさに切る。
4. 鍋にゴマ油をひき、**1**を入れて炒め、クッカンジャンと水（100cc）を加えて沸騰させる。
5. **4** に **3** を入れて混ぜながら熱を通し、かさが減ったらフタをして弱火で 10 分煮込む。
6. **5** に水（1000cc）、ニンニクを入れ、フタをして弱火で 20 分煮込む。
7. 味を見て薄かったら塩で調える。
8. 最後にエゴマ粉、コショウを加えて混ぜる。

かあさんの好みでワカメは多め。近隣の名産地である莞《ワン》島《ド》産を使用する。日本の醤油を使うときは塩と牛ダシを少量足すとよいとか。

シグムチコチュジャンナムル

시금치고추장나물

ホウレンソウの
辛口ナムル

ホウレンソウのナムルは、ワラビや豆モヤシとともに定番のひとつ。さっとゆがいて塩、ゴマ油、ニンニクだけでも充分美味しいが、そこにコチュジャンを加えると、甘味、辛味でより深い味に仕上がる。ユン・ヨンエかあさん曰く、新婚時代にとうさんの実家（忠《チュン》清《チョン》南《ナム》道《ド》泰安《テアン》郡）で覚えたとのこと。初めて食べて美味しかったので、よく作るようになったとか。

材料（4人分）

ホウレンソウ … 900g
コチュジャン … 180g（市販品でも代用可）
ゴマ油 … 1Tbsp
白ゴマ … 2Tbsp
ニンニク（みじん切り）… 1Tbsp
塩 … 適量

作り方

1. 熱湯に塩少々を入れ、ホウレンソウをさっとゆがく。
2. 冷水にさらして熱を取り、絞って水気を切り、手で食べやすく1本ずつに裂く。
3. 2をボウルに入れ、コチュジャン、ゴマ油、白ゴマ、ニンニクを加えて全体をよく和える。
4. 味見をして薄かったら塩で調える。

自家製のコチュジャン（上）は小分けして冷蔵庫に保管。台所脇にあるメインの冷蔵庫に加え、冷凍庫、キムチ冷蔵庫×2で計4台を使用。

タルレムチム

달래무침

春の訪れを感じさせる
ノビルの和え物

韓国でも春になるとノビルが出回る。生のまま和え物にして食べれば、春の風味とともにピリッとした刺激を楽しめる。あるいは薬味醤油の量を増やして、ノビルをさらに細かく刻めば、タルレジャン(ノビル醤油)という薬味ダレになる。ごはんにのせて食べるだけでも美味。近年は牛バラ肉とともに、テンジャンチゲ(味噌チゲ)の具とするのも流行りの食べ方だ。

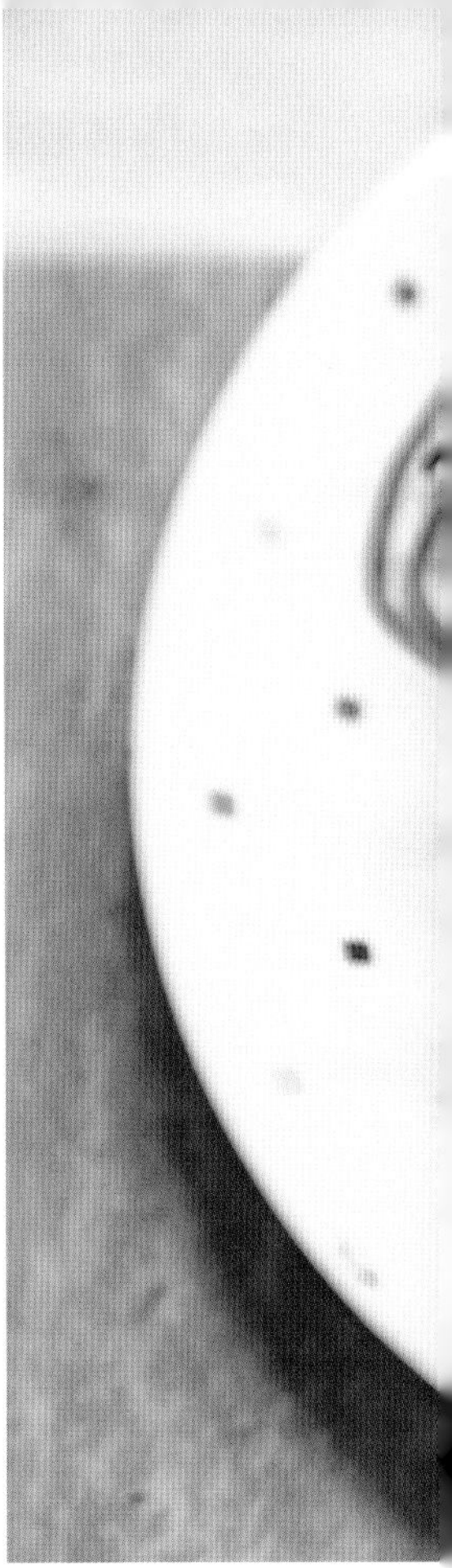

材料（4人分）

ノビル … 100g

＜ヤンニョムジャン（薬味ダレ）＞

醤油 … 2Tbsp

粉唐辛子 … 2Tbsp

白ゴマ … 1/2Tbsp

ゴマ油 … 1Tsp

リンゴ酢 … 15cc

砂糖 … 1Tbsp

梅エキス … 1Tbsp

作り方

1. ノビルはひげ根を取ってよく洗い、水気を切り、3～5cmの長さにざく切りする。
2. 材料を混ぜ合わせてヤンニョムジャンを作る。
3. 1とヤンニョムジャンを合わせてよく和える。

韓国料理は和え物が多いので、
ボウルや大きめのタライが台所にたくさんある。

もっとおいしく！ メモ

そのまま食べるほか、ごはんに混ぜて食べたり、トトリムクムチム（ドングリ寒天の和え物）などの、和え物料理に加えても美味しい。

トラジムチム

도라지무침

食感が軽快な
キキョウの根のナムル

韓国ではキキョウのことをトラジと呼ぶ。青い花も見ごたえあるが、料理の世界では根を珍重する。韓方として喉の薬にも使われるため、けっこうな高級食材なので、おかずに出てくると嬉しい。和え物にするほか、辛いタレと絡めて焼いたり、キムチの材料にしたりも。細長い根菜という意味ではゴボウにも似ているが、ジャキジャキと軽快な食感が持ち味だ。

材料（4人分）

キキョウの根（皮をむいたもの）… 250g
塩 … 2Tbsp
ゴマ油 … 1Tbsp
ニンニク（みじん切り）… 1Tsp
白ゴマ … 少々
水 … 少々
エゴマ粉 … 2Tbsp

作り方

1. キキョウの根はよく洗って、太い部分は細く縦に切る。
2. 1をボールに入れ、塩を振って水気が出るまでよく揉み込む。
3. 2をほどよい塩気になるように、水でさっと洗う。
4. フライパンにゴマ油をひいて3を炒め、ニンニク、白ゴマを加えて混ぜる。
5. キキョウの根に火が通ったら、水とエゴマ粉を入れて全体を和える。

自家栽培のエゴマ粉はかあさんの料理に必須。香りを活かすため入れるのは最後。素材と馴染ませるのに水を加えるのもポイントだ。

もっとおいしく！メモ

エゴマ粉と一緒に入れる水は全体を馴染ませる程度。とろりと仕上げたい場合は少し多めに入れてもよい。

トンナムル

톳나물

冬に旬を迎える
生ヒジキの和え物

韓国では冬から春にかけて、新鮮な生のヒジキが出回る。これをさっとゆがいて、甘辛酸っぱい味付けで和えるのだが、ワカメ、茎ワカメ、ホンダワラ、オゴノリといった海藻でも同様に作る。この甘味、辛味、酸味の混ざった味わいを韓国語で「セコムタルコム」と呼び、イカや貝を和えたり、生野菜をサラダ風にするときにも用いる。韓国人の大好きな味。

材料（4人分）

生ヒジキ … 200g	リンゴ酢 … 30cc
テンジャン（味噌）… 100g	粉唐辛子 … 10g
砂糖 … 20g	白ゴマ … 1/2Tbsp
梅エキス … 2Tbsp	ニンニク（みじん切り）… 少々

作り方

1. 生ヒジキをよく洗い、熱湯でさっと茹でる。
2. 冷水でよく洗い、ざるにあげて水気を切り、ハサミで7～8cmの長さに切る。
3. ボウルに2を入れ、テンジャン、砂糖、梅エキス、リンゴ酢、粉唐辛子、白ゴマ、ニンニクを加えてよく混ぜ合わせる。

味見をさせてくれて「美味しいでしょ」とかあさん。「でも、本当は明日のほうが美味しい」とも。1日置くことで味が馴染む。

ピョンオグイ

병어구이

春が旬のマナガツオを
塩焼きに

マナガツオは西海岸における春の魚。焼いてよし、煮付けてよし、刺身でもよし。この時期を楽しみにしている韓国人は多いが、人気とあって値段もそこそこ張る。今回ユン・ヨンエかあさんが買ったものも、近所の市場で1尾1万5000ウォン(約1500円)だった。贅沢ではあるが、ほくほくとした白身の味はやはり格別。旬のうちに一度は食べたい魚だ。

材料（2人分）

マナガツオ … 1尾

粗塩 … 適量

作り方

1. マナガツオはウロコを取って表面に切れ目を入れ、全体に粗塩を振る。
2. グリルにアルミホイルを敷いて両面を焼く。

かあさんによれば「全羅道では祭祀膳に必ず載る魚」とか。祭祀は旧正月、秋夕（陰暦8月15日）、先祖の命日などに行われる。

もっとおいしく！ メモ

韓国では口が開くとうま味が流れるとして、半生に近いぐらいを好む。ただし、安全性を考えるならば、しっかりと加熱してから食べるほうが無難。閉じたままの殻はちょうつがいの部分にスプーンを当て、ねじるように力を入れると簡単に外れる。

コマクムチム

꼬막무침

南海岸で食べたい
ハイガイの薬味ダレのせ

南西部の海沿いの地域ではコマクという貝をよく食べる。日本でいうハイガイだが、近年は漁獲量が減ったため、よく似たサルボウガイを使うことが増えた。日本では赤貝の代役を担っている貝で、見た目も小さな赤貝という感じ。さっと茹でて片側の殻を外し、薬味ダレを塗って、殻からチュッと吸うように食べる。これが酒の肴にもってこい。焼酎を欠かすべからず。

材料（4人分）

ハイガイ（サルボウガイで代用可）… 400g

＜ヤンニョムカンジャン（薬味醤油）＞

醤油 … 50cc

粉唐辛子 … 10g

砂糖 … 15g

ゴマ油 … 1/2Tbsp

ニンニク（みじん切り）… 1/2Tbsp

葉ネギ … 5本

白ゴマ … 少々

作り方

1. ハイガイは塩水（分量外）に1時間ほどつけて砂を抜く。
2. 材料を混ぜ合わせてヤンニョムカンジャンを作る。
3. 1を茹で、殻が開いたらざるにあげる。
4. 殻を上半分だけ取り、器に盛りつけ、身の上にヤンニョムカンジャンを塗る。

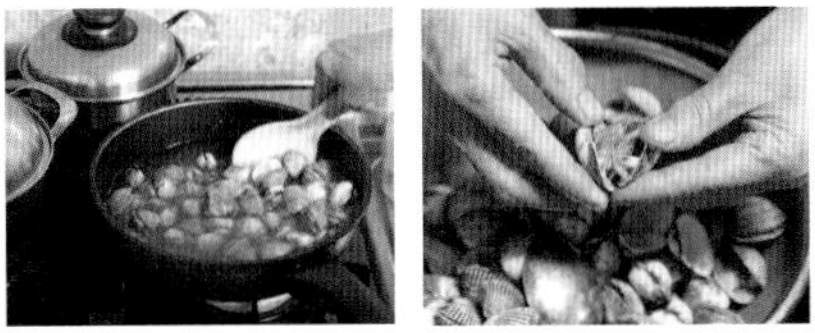

茹でるときは一方向だけに混ぜるのがコツとか。そのほうが、ハイガイの口が開きやすいらしい。

薬味醤油は魚の煮付けに使ってもいいし、ごはんや茹でた素麺と混ぜても美味しいとか。

オゴルゲペクスク

오골계백숙

ウコッケイの丸茹で

ペクスク（白熟）は素材を丸ごと茹でるだけのシンプルな調理法。鶏で作ればタッペクスク、ウコッケイならオゴルゲペクスク。近年は韓方材も多彩に加えて滋養効果も求める。煮上がった肉は食べやすい大きさに手でむしり、塩にちょんとつけて豪快にかぶりつく。一心不乱に身を味わって、骨もしゃぶって。最後は煮汁で作る緑豆粥。ダシの一滴まで余すことなく楽しむ。

材料（6人分）

ウコッケイ … 1羽（2kg）
※頭と内臓を取ったもの

水 … 2000cc

もち米 … 500g

キキョウの根 … 100g

ナツメ … 10個

栗 … 6個

ニンニク … 7個

ハリグワの葉 … 100g

チョウセンカクレミノの葉 … 100g

ハリギリの枝 … 30g

シイタケ … 3個

緑豆 … 150g

ハーブ塩 … 適量

塩 … 適量

作り方

1. もち米は洗ったあと、水（分量外）に浸しておく。
2. ウコッケイの腹にキキョウの根、ナツメ、栗、ニンニクを詰める。
3. 圧力鍋に**2**を入れ、鍋の隙間にハリグワの葉、チョウセンカクレミノの葉、ハリギリの枝、シイタケ、緑豆を入れ、水を注ぐ。
4. 最初は強火で、沸騰したら弱火にし、全体で50分ほど煮込む。
5. ウコッケイに火が通ったら大皿に盛り、ハーブ塩を添える。
6. ウコッケイを食べる間、圧力鍋から韓方材を取り出し、残ったスープにもち米を入れて粥を煮る。
7. 10分ほど煮込み、もち米が柔らかくなったら器に盛って、塩を添える。

この日のウコッケイは親戚の家で放し飼いにされ、虫を食べて育ったもの。
健康的であるのはもちろん身も締まってうま味が濃い。

もっとおいしく！ メモ

日本の家庭で作るときは、800〜850g 程度の丸鶏が理想的。ウコッケイでなく普通の鶏でよい。

材料（4人分）

砂肝 … 500g

ニンニク … 10かけ

青唐辛子 … 4本

ゴマ油 … 3Tbsp

岩塩 … 1Tbsp

コショウ … 少々

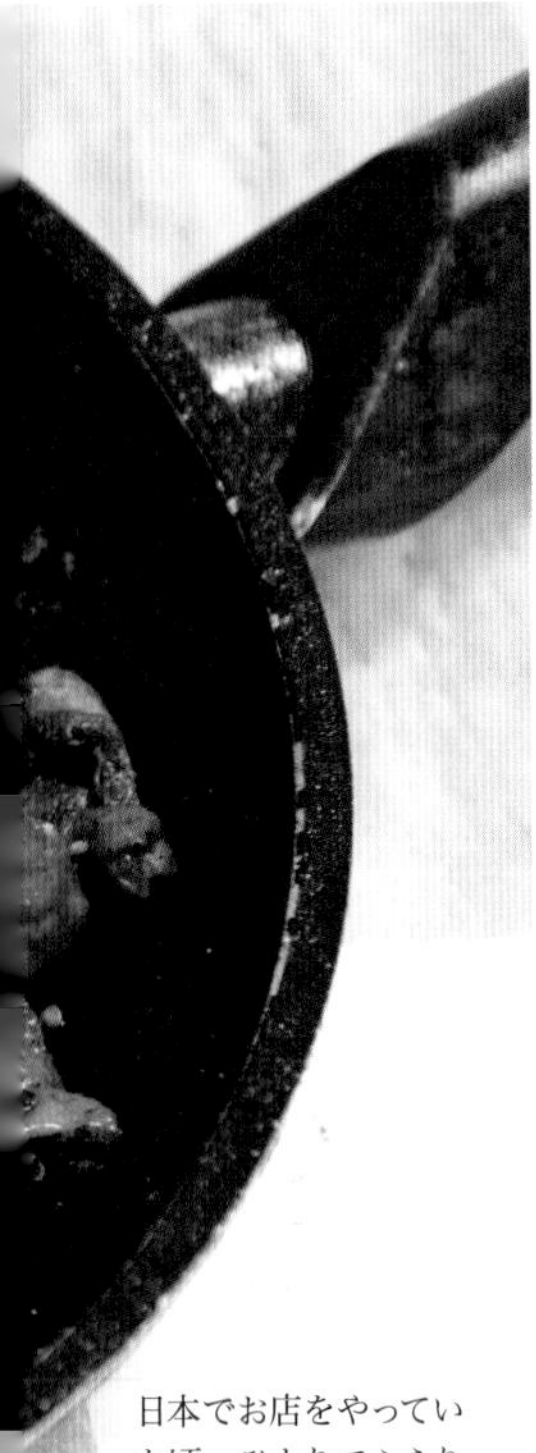

日本でお店をやっていた頃、ひとりでふらりと寄ると決まって作ってくれたメニュー。これ1品だけで焼酎がクイクイ進むのだ。

作り方

1. 砂肝はよく洗って水気を切り、数回包丁目を入れたうえで1個を3～4個に切る。
2. ニンニクは皮をむいて1かけを半分に切り、ヘタの部分を取り除く。
3. 青唐辛子は小口切りにする。
4. フライパンにゴマ油をひき、**1**を炒める。
5. 砂肝に火が通ったら、**2**と**3**を加えてさらに炒める。
6. 岩塩とコショウで味を調える。
7. 好みでゴマ油に塩を混ぜたタレ（分量外）を用意する。

もっとおいしく！ メモ

辛さが得意でない場合は、青唐辛子をピーマンに変えてもよい。彩りを考えるならパプリカでも。

タットンチプポックム

닭똥집볶음

おつまみにぴったりの
砂肝炒め

砂肝炒めは韓国の居酒屋メニュー。今回はオゴルゲペクスクと同じくウコッケイの砂肝を使用した。コリコリとした食感に、ニンニクの香りと青唐辛子の刺激がベストマッチ。この三者をいっぺんに口の中へと放り込み、それぞれの存在を確かめながら、噛みしめて味わうのが醍醐味だ。キルムジャン（塩を混ぜたゴマ油）を用意し、つけダレにするとさらに香りが立つ。

左から五女オナさん、長女スギョンさん、次女チンピョさん、四女チョンスクさん。撮影の間中、「この写真が大事よ！」「動いちゃダメ！」「自然な笑顔で！」と全員からそれぞれ声が飛ぶ。終始、和気藹々だ。

抜群のチームワークを誇る

パクかあさん姉妹

ソウル郊外の盆唐《ブンダン》といえば、誰もが羨望の目で見つめる高級住宅地。ソウルの江南《カンナム》まで車で15分程度という利便性に加え、ゆったり広々としたマンションが多く、公園などの緑も豊かで、地域の教育熱も高い地域である。

「子どもを育てるにはいい環境なんですよ」

　と語ってくれたのは、11歳、9歳のお子さんを育てるパク・チョンスクさん。5人姉妹の4番目で、アメリカに住む3番目の姉を除いて、残りの4人はいずれも仲良く盆唐に住む。普段からもよく集まるが、そうなるともう賑やかすぎるほどの大所帯だ。

　そんな家族の定番料理を訪ねると、即答でマンドゥ（餃子）と返ってきた。韓国でも日常的によく食べる料理であるが、お正月休みなどに集まってわいわい作るのだという。

　ただ、その量がケタ違いに多い。

「軽く200個は作りますね」

　とこともなげに。豚ひき肉が1kg、緑豆モヤシが1kg、そのほかもろもろ入って、同じくみんなで漬けた白菜キムチが2株。韓国では冬に大量のキムチを漬ける、キムジャンと呼ばれる習慣がある。それが毎年50株ほどにな

作業中は楽しくモメながら。ウチではこう作る、ウチではこうと、それぞれやり方があるらしい。軽口とダメ出しの応酬が面白い。

1. 家のあちこちに花が飾られている。**2.** 楽しそうな雰囲気に3匹のワンちゃんがかわるがわる様子を見に来る。**3.** リビングのフラワーリース。**4.** キッチンにはレシピ本も多数。本格的なものから簡単おかずのような本も。

るという。この日、使用したキムチも1年半前にみんなで漬けたものだ。

いくら人数が多いとはいえ、これだけの量となると大変だろう……と思いきや、実際の作業を見て納得がいった。姉妹だけにチームワークが抜群によいのだ。なにも語らずとも自然に役割分担ができている。

この日、撮影するにあたって会場となったのは長女スギョンさんの家。いちばん広いというのが理由だったが、フラワーアレンジメントを得意としているとあって、インテリアから厨房用具のひとつひとつまでセンスのよいものが揃っている。

調理の中心となるのは次女のチンピョさん。すべてのレシピが頭の中に入っているので、チンピョさんのてきぱきとした指示で全員が動く。

今回僕らの窓口となってくれた四女

4人で作業をしても狭さを感じさせないキッチン。写真左手は観音開きになった天井までの大きな冷蔵庫。ノンフライヤーやミキサーなど厨房用具も充実。中央にある作業台の引き出しを開けると各国の調味料がぎっしり。

のチョンスクさんは、地域のラジオパーソナリティをしている。その仕事柄か、さすがに全体の雰囲気作りがうまい。

末っ子のオナさんは、お姉さんたちをサポートしつつ、味見役としてＯＫを出す。料理の完成とともに、彩り野菜をさっとあしらうなど最後を締める役割であった。

まさしく四者四様。ここに不在の三女が加わるとどのような変化が起きるかも気になるところだが、大量の料理が流れるようにできあがっていく様はなんとも壮観。

せっかくなので一緒にマンドゥを包ませてもらう。

韓国では馬蹄型（半月にたたんで両端をつける）に作ることも多いが、パクかあさんの家では日本と同じくひだのある半月型に作る。みんな慣れた手

マンドゥを包むときは全員で。この習慣が始まったのは次女が結婚後にご主人の実家で学んでから。お姑さんも、大姑さんから習ったもので代々受け継がれてきた味だ。

1. 真ん中は引き出しになっており、ここにも多くの食材が収納される。**2.** イタリア産のハーブに加え、日本の醤油、タレ類もある。

つきだが、日本の皮よりも大きいので、なかなか思うような形にならない。

「具を皮の手前に多くのせて、奥に余裕を持たせるんです。奥のところを水でちょっと濡らして、奥の側だけにひだをつけていく感じです」

　次女のチンピョさんに教えられつつ、もたもたと作っているうちに、気付けば用意した具はすべて空になっていた。

　これを蒸し器で15分蒸せばチンマンドゥ（蒸し餃子）のできあがり。酢醤油をちょんとつけて食べれば、もっちりとした皮の中から肉汁たっぷりの具が出てくる。ひき肉のうま味もさることながら、キムチの酸味がよく効いており、豆腐、春雨が入るので後味は軽い。ひとつひとつが大きいにもかかわらず、次のもう1個につい手が伸びる。

　これを餅とともに、チャンクッ（スープ）に入れればお正月料理のトッマンドゥクッ（餃子入り雑煮）。牛肉のダシを吸ったマンドゥがより美味しくなるのはもちろん、食べる際に具が溶け出ることでスープも味を増す。

　なるほどこの美味しさであれば、食べるほうも「軽く２００個」だろう。今回は市販品を使ったが本格的にやるときは皮から作るとのこと。姉妹だけでなく、子どもたちも混ざって、楽しく美味しい共同作業だ。

韓国では馬蹄型のマンドゥも多いが、具が多く入って、食べやすいひだありの半月型が姉妹の定番。子どもたちはそれぞれ好きな形に。頑張るときは皮も自作する。次女チンピョさんは結婚当初、ご主人の実家で3kg入りの小麦粉３袋を使って大量の皮を作ったとか。

材料（200個分）

餃子の皮（12～15cm）… 200枚
豚ひき肉（モモ）… 1kg
緑豆モヤシ … 1kg
白菜キムチ（熟成したものがよい）… 2株
木綿豆腐 … 2丁
卵 … 2個
韓国春雨 … 300g
タマネギ … 3個
長ネギ … 2本
ニンニク … 10片
ショウガ … 20g
塩 … 少々
コショウ … 少々
サラダ油 … 適量

＜ヤンニョム（薬味ダレ）＞
ゴマ油 … 4Tbsp　すりゴマ … 2Tbsp
塩 … 1Tbsp　コショウ …1 /2Tbsp
粉唐辛子 … 5Tbsp

作り方

〔準備〕

a. タマネギ2個をみじん切りにし、油をひいたフライパンで炒め、皿に取り冷ます。

b. タマネギ1個をやや大きめのみじん切りにする。ニンニクをみじん切り、ショウガはすりおろす。

c. 白菜キムチは水気を絞り、**b**のタマネギと同程度の大きさに切る。木綿豆腐はさらしで包んで全体を軽くつぶし、水気を切る。長ネギは小口切りにする。

d. 韓国春雨は茹でた後、冷水にさらす。緑豆モヤシはさっとゆがいて、冷水にさらす。いずれも水気を切って2cmの長さに切る。

1. **b**を豚ひき肉と一緒に炒め、塩、コショウを振り、ボウルにあけて**a**を加え、よく混ぜ合わせる。
2. **1**に**c**と**d**、卵、ヤンニョムを加えて全体を混ぜる。
3. 餃子の皮に**2**をひと口大ずつのせ、ひだを作りながら包む。
4. 蒸し器で15分ほど蒸す。蒸しあがったら皿に盛り付け、酢醤油（分量外）を添える。

小さな子どもがいるときは、白菜キムチのかわりにニラを刻んで加える。すぐに食べない餃子は生のまま冷凍するとよい。

マンドゥ

만두

家族みんなで作る
韓国式のヘルシー餃子

韓国式餃子のマンドゥは楽しみ方いろいろ。こんがりクリスピーに仕上げる焼き餃子、小さくころんと作る水餃子。家庭ではたっぷり包んで蒸し餃子に仕立てることが多い。写真のようにひだをつけた形のほか、丸い馬蹄型にも作る。

韓国式の特徴は具に春雨や豆腐が入ること。後味がさっぱりヘルシーなので、サイズは大きくても、ペロッと食べられる。

餃子と餅を醤油入りのお湯で茹でるのは軽く下味をつけるため。パクかあさん姉妹のお母さんはより丁寧に煮干しダシで茹でていた。

トッマンドゥクッ

떡만두국

旧正月に味わう
餃子入りの雑煮

　韓国では正月をソルラルと呼び、陽暦ではなく陰暦で祝う。その前後が連休となり、国全体が休んで家族や親戚と一緒に過ごす。

　ソルラルの日にすべきもっとも大事なことはご祖先様を祀って新年のご挨拶をすること。ご馳走を作って祭祀膳を整え、平伏しながら一族の安寧を願う。このとき供えたご馳走が、そのまま正月料理となる。

　雑煮もソルラルに欠かせ

ない一品。富の象徴として小判型に切った餅とともに、家庭によってはマンドゥ（餃子）も入れる。

材料（6人分）

餃子（蒸したもの）… 12個
韓国餅（トック）… 200g
水 … 1000cc
醤油 … 2Tbsp
ニンニク … 3片
長ネギ … 1/2本

＜チャンクッ（醤油スープ）＞
牛肩バラ肉（スライス）… 600g
水 … 3000cc
タマネギ … 1個
長ネギ … 1/2本
卵 … 3個
ゴマ油 … 適量
塩 … 適量
コショウ … 少々

＜ヤンニョムジャン（薬味ダレ）＞
クッカンジャン（薄口醤油）… 4Tbsp
ゴマ油 … 4Tbsp
すりゴマ … 2Tbsp
ニンニク（みじん切り）… 2Tbsp
長ネギ（みじん切り）… 3Tbsp

作り方

〔**チャンクッ準備**〕

a. スライスの牛肩バラ肉を細切りにする。

b. 材料を混ぜ合わせたヤンニョムジャンに**a**を入れて冷蔵庫で1日おく（時間がなければ30～40分でも可）。

c. 鍋にゴマ油を少々ひいて**b**を炒め、ある程度火が通ったら水を入れ、1時間煮込む。

d. タマネギはやや大きめのみじん切りにし、長ネギは小口切りにする。

e. **d**と溶いた卵を**c**に入れる。味をみて塩とコショウで調える。

1. 長ネギは飾り用に少量を斜め薄切りし、残りとニンニクをみじん切りにする。

2. お湯を沸かし、飾り用の長ネギを除いた**1**と醤油を入れて韓国餅を茹でる。餃子もさっと温める。

3. 火が通ったらお湯から上げ、器に盛る。温めたチャンクッを注ぎ、斜め薄切りにした長ネギを飾る。

チャプチェ

잡채

野菜たっぷり
シャキシャキの春雨炒め

家庭料理の定番であり、ハレの日の料理としても欠かせないのがチャプチェ。ゴマ油のこってりとした風味が春雨と絡んで食欲をそそる。家庭ごとに入れる食材はいろいろだけど、野菜を彩りよくたっぷり使い、肉のかわりに子どもが好きなおでんの練り物を加えるのがパクかあさん流とか。シャキシャキとした野菜の食感を楽しみつつ、もりもり食べよう。

材料（6人分）

韓国春雨 … 300g
ホウレンソウ … 1束
ニンジン … 1本
タマネギ … 2個
甘口唐辛子（オイコチュ）… 5本
パプリカ（赤、黄）… 各1個
シイタケ（中サイズ）… 6個
エリンギ … 2本
乾燥キクラゲ … 10g
おでんの練り物 … 50g
ゴマ油 … 2Tbsp
塩 … 1Tbsp
チンガンジャン（濃口醤油）… 8Tbsp

＜ヤンニョムジャン（薬味ダレ）＞
ゴマ油 … 2Tbsp
チンガンジャン … 5Tbsp
砂糖 … 3Tbsp

作り方

1. 乾燥キクラゲを水に浸して戻す。
2. ホウレンソウはさっとゆがいて冷水にさらし、水気を切ったあと、ゴマ油1Tbsp、塩、チンガンジャン少々で味付けをする。
3. ニンジン、パプリカは千切りにし、タマネギは薄切りにする。甘口唐辛子は斜め薄切りにする。
4. シイタケ、エリンギ、キクラゲは食べやすい大きさにそれぞれ切る。
5. サラダ油少々をひいたフライパンで**3**、**4**の食材をそれぞれ別に炒め、少量の塩を振り、食感が残る程度で引き上げる。
6. おでんの練り物は食べやすい大きさに切り、フライパンで炒め、少量の塩を振る。
7. 韓国春雨を熱湯で8分ほど茹でる。
8. フライパンにゴマ油1Tbspをひき、**7**とチンガンジャンを入れて炒める。
9. すべての食材を大きなボウルに入れ、材料を混ぜて作っておいたヤンニョムジャンを加えて全体をよく和える。

ホウレンソウは甘味が大事と次女のチンピョさん。浦項《ポハン》草《チョ》と呼ばれる茎の短い品種がよいが、甘味が少ないときは少量の砂糖で補う。

もっとおいしく！ メモ

甘口唐辛子のオイコチュは生で食べるのに向いたサクサク食感の唐辛子。ピーマンでも代用可。

モクサルグイ＆パムチム

목살구이와 파무침

豚肩ロース焼きと相性
ぴったりのネギ和え

韓国で豚焼肉といえばサムギョプサル（豚バラ肉の焼肉）が定番。ただ、脂が強すぎるため、最近は適度に赤身のうまさも楽しめるモクサルグイ（豚肩ロースの焼肉）の人気が高まってきた。一緒に添えるパムチム（白髪ネギの和え物）はモクサルに限らず焼肉料理には必ず添えられるもの。さっぱりとした味わいが肉の脂をほどよく洗い流してくれる。

材料（約3～4人分）

豚肩ロース … 400g（6枚）
長ネギ … 1本
塩 … 少々
サラダ油 … 適量

＜パムチムのヤンニョムジャン（薬味ダレ）＞
チンガンジャン（濃口醤油）… 1Tbsp
ゴマ油 … 1Tbsp
塩 … 1Tsp
粉唐辛子 … 2Tbsp
白ゴマ … 適量

作り方

1. 長ネギを千切り（白髪ネギ）にしてヤンニョムジャンと和える。
2. 豚肩ロースに塩を振って、サラダ油をひいたフライパンで両面焼く。
3. 焼けたら器に盛り付け、1を添える。

もっとおいしく！ メモ

白髪ネギとヤンニョムジャンを和えるときはビニール袋に入れ、空気を入れてふくらませたうえで、全体をシェイクすると手早く均等に混ざる。

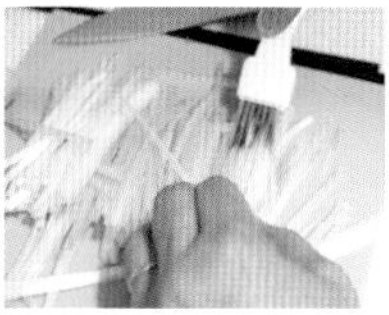

肉のスジには切れ目を入れておくとよい。長ネギは子どもたちも好物なのでたっぷり。

コンナムルボックム

콩나물볶음

お弁当にもぴったりの
豆モヤシ炒め

ピリ辛に仕立てた豆モヤシの炒め物。これはもともとパクかあさんのお母さんが得意としていた料理で、学生時代のお弁当には必ず入っていた。茹でてナムルにするよりも傷みにくいというのがその理由。炒めるときはしっかり水気を切っておき、シャキシャキとした食感を残すのがコツとのこと。姉妹全員にとって懐かしい、おふくろの味である。

材料（4人分）

豆モヤシ … 600g
タマネギ … 1個
ニンニク … 5片
青唐辛子 … 少々
塩 … 2Tsp
粉唐辛子 … 1Tbsp
サラダ油 … 適量
すりゴマ … 1Tbsp
ゴマ油 … 1Tbsp

作り方

1. 豆モヤシはよく洗って水気を切る。
2. タマネギをスライス、ニンニクをみじん切りにする。
3. フライパンにサラダ油をひき、**1**と**2**、塩、粉唐辛子を入れ、強火で炒める。
4. 豆モヤシの食感が残る程度で火を止め、すりゴマとゴマ油をかける。
5. 器に盛り付け、斜め薄切りにした青唐辛子を飾る。

かあさん姉妹のお母さんは夜中に起きて作っていた。毎朝6個のお弁当を作った時期も。

部屋の温度が高い場合は、風通しのよい日陰に移すか、可能ならば冷蔵庫に入れる。炭酸ガスが出ることもあり、その場合は毎日ガス抜きをするとよい。

メシルチャンアチ

매실장아찌

さっぱり爽快な
青梅の砂糖漬け

6月中旬頃が梅の収穫時期。青々とした梅が市中に出回るとともに、巨大な容器、大量の砂糖もスーパーに用意される。韓国では自ら梅を漬ける家庭が多く、漬けた梅を副菜として食べるだけでなく、梅エキスを料理の甘味として使う。梅と砂糖は1対1が標準だが、パクかあさんの家では甘さ控えめに梅1に対して砂糖が0・8。梅そのものの味わいを活かしている。

材料

青梅 … 1kg

砂糖 … 800g

作り方

1. 青梅はきれいに洗い、水気をふく。
2. 青梅を十字に切って種を抜き、麺棒などでたたいてつぶす。
3. 殺菌した大きなビンに **2** と砂糖を入れ、冷暗所で保管する。
4. 50日後に梅だけを引き上げる。

同様に100日間漬け込んだものから青梅を抜けばメシルチョン（梅エキス）になる。

もっとおいしく！ メモ

できあがったメシルチャンアチ200gに、コチュジャン1Tbsp、白ゴマ1Tbsp、ゴマ油1Tspを加えて全体を和えても美味しい。

キュルチョン

귤청

ほのかな苦みを楽しむ
青ミカンエキス

先の梅エキスとともに、レモンやグレープフルーツを漬ける家は多いが、青ミカンというのは初めて見た。韓国では8〜9月になると、名産地の済州島からグリーンの鮮やかな青ミカンが全国に出荷される。これを丁寧にスライスして砂糖と漬け込むのだ。

水や炭酸水で割って飲むと、これがなんとも爽やかで、皮の苦みがほどよく残る。

材料

青ミカン … 1kg

砂糖 … 1kg

作り方

1. 青ミカンはきれいに洗って、水気を取り、皮ごと薄くスライスする。
2. 殺菌した大きなビンに**1**と砂糖を入れ、冷暗所で1ヶ月ほど保管する。
3. 水や炭酸水で割って飲む。

もっとおいしく！ メモ

青ミカンの利用法としてはキュルチョンのほか、細かく刻んだ皮を乾燥させてお茶がわりにしたり、果肉でジャムを作る場合もある。

割って飲む場合はスライスした青ミカンも加えると見た目にもきれい。次ページでホットクの後ろに添えてあるのもキュルチョン。

ホットク

호떡

屋台では定番の
黒蜜を入れたお焼き

冬になると町の至るところで見るのがホットク屋台。小麦粉の生地に黒砂糖の蜜が入っていて、たっぷりの油（店によってはマーガリン）でこんがり揚げるように焼いてある。うっかりかぶりつくと中の蜜がヤケドしそうに熱いので注意。

市販のホットクミックスはどこのスーパーでも売っているので、家庭で食べる手軽なおやつとしても人気が高い。

材料（4人分）

ホットクミックス … 1箱

作り方

1. 市販のホットクミックスを調理法に従って焼く。
2. ホットクが焼けたら皿に盛り、好みによって果物やアイスクリームを添える。

もっとおいしく！ メモ

裏面の調理法通りに作ることが重要だが、油だけはたっぷり多めに使うのがコツ。

CJの「チャプサルホットクミックス（もち米ホットクミックス）」が姉妹のお気に入りとか。中の蜜にはシナモンや砕いたピーナッツも入って香ばしい。

ちょっと一息、豆知識

韓国、台所あるある！

韓国では手を使って料理をすることが多い。大きなボウルで野菜を和えたり、キムチに薬味ダレを塗り込んだり。最近では手荒れの防止、衛生面への配慮から、ゴム手袋や使い捨てのビニール手袋を使うことも増えたが、素手でパパパッと作業していることも多い。

韓国では、この手での作業というのが重視され、料理の腕前は「ソンマッ（手の味）」と表現される。熟練の手からこそ、美味しい料理が生まれると考えるのだ。

そんな手の味をいちばん感じられるのがキムチである。薬味ダレを塗り込んだ白菜を、すーっとちぎってくるくる巻いて、味見してごらんと渡される。あるいは「あーん」と口の中に押し込んでくれることもあり、この手ずからの味は本当に何にもかえがたい。

料理は手の味が大事！

フキの和え物を混ぜ合わせる。

チャプチェを手で混ぜ合わせる。

野菜を手で和えてナムルを作る。

ひと口大に丸めて肉団子を作る。

粉唐辛子の分量を手で計る。

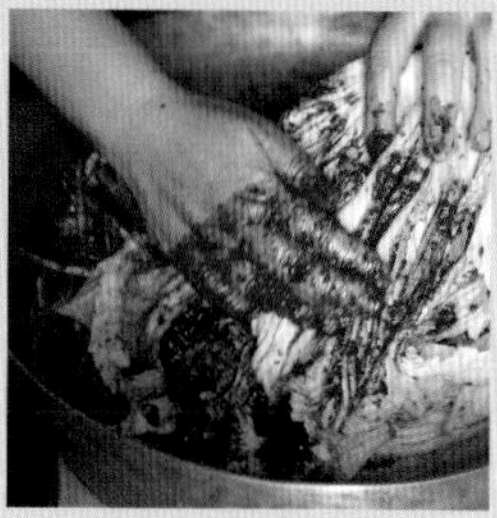

白菜の葉に薬味ダレを塗り込む。

ほかに、こんな「あるある」ありました！

ニンニクは刻んで保存

料理に欠かせないニンニクは大量に刻んで冷蔵庫、冷凍庫で保管。

計量はスッカラクで

計量は食事用にも使うスッカラク（テーブルスプーン）が基本。

包丁の根元は叩く用

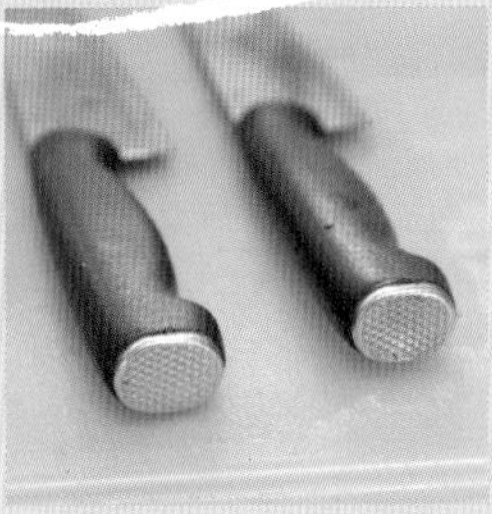

包丁は根元がニンニクやショウガをつぶせるようになっている。

塩には特別こだわりが

塩は西海岸産の天日塩が最高。大量に買って家でも寝かせて使う。

料理の甘味は梅エキス

6月頃にはどの家庭でも青梅を漬け、このエキスで甘味をつける。

ペットボトル大活躍

米、雑穀、豆、ゴマなどはペットボトルに移すと使いやすい。

冷蔵庫はタッパー満載

おかずは一度にたくさん作り常備菜として冷蔵庫で保存する。

ノンフライヤーが普及

都市部では油を使わずに揚げ物ができるノンフライヤーが浸透中。

キムチ冷蔵庫完備

キムチ冷蔵庫は家庭でも必需品。温度設定で長期の熟成も可能。

수리설비
63
두텁바위로1길
Duteopbawi-ro 1-gil
67

동양천막
712 4750
68
오늘점심
제육볶음
오징어볶음

22歳で歴史ある旧家に嫁いだイ・ナンヒかあさん。かあさんの実家も名門の家系であり、結婚に当たっては家同士の付き合いも大きかった。結婚後はソウルに住んだが、10年前から文化財指定の古宅に移り住んでいる。

毎日の料理を薬として考える

イ・ナンヒかあさん

村には支配階層である両班の住んだ瓦屋根の家と、庶民の住んだ藁葺き屋根の家が混在。写真右がイ・ナンヒかあさんの住む香壇。

庭に面した母屋の柱には、長い時間を経た歴史の痕跡が残る。

「触ってみてください。外側は風雨にさらされてザラザラですが、内側はつるつるしています。家から外に出ようと靴を履くときに、みんなここに手をかけるんですね。この家は16代続く旧家ですが、はるか昔からみんなそうしてきました。この柱を触るとご先祖様の手のぬくもりを感じるんです」

慶尚北道《キョンサンプクト》慶州《キョンジュ》市の良洞民俗村《ヤンドンミンソンマウル》にある築500年以上の韓屋《ハノク》(伝統家屋)。村全体がユネスコの世界文化遺産として登録されており、香壇《ヒャンダン》と呼ばれるこの家も韓国の宝物第412号に指定される(日本の重要文化財に相当)。もともとは朝鮮時代中期の高名な儒学者、政治家であった李彦迪《イオンジョク》先生が建てたもので、その一族が代々大切に守ってきた。

建築物としての価値は韓国でも屈指だが、ここで生活をするイ・ナンヒかあさんにとっては愛着のある我が家である。現代人として韓屋で暮らすのはたいへんなこともあるが、住んでこその家であり、まめに手入れをしながら歴史を受け継いでいる。

そんな旧家の家庭料理とはいったい

1. 家に着くと、まずはゆっくり座ってと梅花茶でもてなしてくれた。2. お茶請けの伝統餅と伝統菓子。3. 家の裏には味噌や塩などの入った甕がたくさん並んでいる。4. マルと呼ばれる板の間にさりげなく花が飾られていた。5. 料理の甘味として使うアカシアの花の酵素。6. 左のビンに入っているのが乾燥させたアカシアの花。熱湯を注いでお茶にもする。

どのようなものか。個人的にもたいへん気になるものであったが、実際に出てきたものは想像をはるかに超えるものであった。

まず驚いたのがお膳の存在である。韓国ではかつて、床《サン》と呼ばれる1人用の膳に各自の料理を盛り付けて食事をとった。膳立てには決まった形式があり、ごはんと汁、そして身分の違いによって3～12種類の料理をそれぞれ異なった調理法で用意しなければならない。さらにそこへ季節の食材を盛り込んだり、韓国料理の基本である陰陽五行思想を背景とした五味五色の要素をバランスよく配するのも大事なポイントである。

それはさながら時代劇で見るような姿であり、それが僕らのリクエストである「家庭料理」として出てくるというのは、旧家の食卓として納得できる一方、衝撃と畏敬の念を禁じ得ないものであった。

また、それらを作る技術のほうにも舌を巻いた。イ・ナンヒかあさんがにこにこと、こともなげに語るレシピの数々は、手間と時間を惜しみなくつぎ込むもので、それは限りなく自然の味を活かしたものと言える。

その最たるものが、食材の余った部分を捨てないこと。イ・ナンヒかあさんは味の基礎としてオリジナルのユクス（ダシ汁）を作っているが、これにはコンブや煮干しのほか、干した野菜の皮をふんだんに入れる。タマネギやニンジンなど、料理のたびに余ったものを集めて野外で乾燥させ、料理の甘味として活用するのだ。ほかにもこのユクスには、タラの頭や、エビの頭など、手元に余っているものを都度加えて味に深みを持たせる。

4

5

6

イ・ナンヒかあさんは料理のポイントとして、「目で楽しみ、口で味わい、体で感じる」との3要素を重視する。美味しいだけでなく、見て美しく、また健康にもよいものでなければならない。ちょうど春の取材だったため、植物性蛋白質の補給として大豆とヨモギのスープを作り、また必須脂肪酸のオメガ3を摂れるようにサンマを旬のセリで巻いて煮込む、といった具合である。

　ひとつひとつの料理に哲学があり、またそれは自ら学んだというよりも、子どもの頃からの耳学問として、母や祖母から聞いたものがいまに生きていると語る。

「子どもの頃はお姫さまみたいな暮らしで料理なんかしたことなかったんだけどね。料理は上手にしようとするものではなく身体のためにすべきこと。日々の料理は薬と同じですよ」

　と笑うが、それもまた由緒正しい旧家の暮らしならではなのだろう。両班《ヤンバン》としての資質を無意識のうちに育み、それをたしなみとして日々の料理に活かしている。

　食卓の中には家の歴史が息づいていた。

1. 中庭には甕がひとつ置かれていた。四角く囲まれた場所に木を植えないのは、「困」という字につながって縁起がよくないため。

2. 古宅の母屋に当たるサランチェ。中央の板の間をテチョンと呼び、両脇に個室がふたつある。**3.** サランチェの奥に中庭、その先に台所がある。

メセンイジョン
海藻（カブサアオノリ）のチヂミ

トトリムクチャプチェ
ドングリ寒天と野菜の和え物

小皿右から
ミョルチボックム
ジャコの炒め物

クルジョッ
牡蠣の塩辛

ムノジャン
ムノスッケのつけ醤油

ミョンナンジョッ
明太子（自家製）

スックッ
ヨモギのスープ

チョンボクソゴギチャンジョリム
アワビと牛肉の醤油煮

ムノスッケ
茹でダコの刺身

トッカルビ
焼肉風ハンバーグ

ムルキムチ
白菜の水キムチ

コンバプ
黒豆ごはん
(玄米、麦、もち米入り)

スックッ

쑥국

摘みたての香りが
爽やかなヨモギのスープ

春にとれるヨモギをスープにしたスックッ。作り方は家庭ごとにいろいろで、味噌仕立てにすることがあれば、南部の地域にはカレイと一緒に煮込む郷土料理もある。どの作り方においても、ヨモギはさっと火を通すにとどめ、その鮮烈な香りを活かすのは同じ。イ・ナンヒかあさんのスックッはごく薄味。大豆の香ばしい甘味を重ねるだけの粋な味付けであった。

材料（4人分）

ヨモギ … 200g

大豆 … 200g

水 … 2000cc

粗塩 … 3Tbsp

作り方

1. 大豆を水に浸してひと晩おく。
2. 1をすり鉢で粗めにつぶす。
3. 鍋に2と大豆を浸した水を入れて煮込む。
4. 沸騰したら、きれいに洗ったヨモギと粗塩を入れてひと煮立ちさせる。

大豆は完全につぶさず、食感が残るぐらいがよいとのこと。ヨモギの香りと大豆も風味を活かすため、味噌は使わず味付けは塩のみ。

もっとおいしく！ メモ

好みによって白玉団子を入れてもよい。

ムノスッケ

문어숙회

文人たちに愛された
茹でダコの刺身

タコのことを韓国語でムノと呼ぶ。漢字では文魚と書く。文という字を使っているのは、身体に墨袋を持っているためで、書をたしなむ魚介という意味だ。その昔、文筆をもって国政を担った儒学者らが好んで食べたとの逸話も残る。慶尚北道《キョンサンブクト》の両班家庭においてはご先祖様の祭祀に欠かせない一品。現在では郷土料理として定着し、酒の肴としての人気が高い。

つけダレにチョコチュジャン（唐辛子酢味噌）を添えることもあるが、醤油で「タコの本質」を味わうのが両班家庭での食べ方とか。

材料（4人分）

茹でダコ … 400g
（大きな足をひとつ）

＜ヤンニョムジャン（薬味ダレ）＞
水 … 3Tbsp
醤油 … 3Tbsp
酢 … 1Tbsp
酵素エキス … 2Tbsp
（梅エキスで代用可）
青唐辛子 … 少々
コショウ … 少々

作り方

1. 茹でダコを薄切りにする。
2. 材料を混ぜ合わせてヤンニョムジャンを作り、1を盛った器に添える。

もっとおいしく！ メモ

韓国の家庭では梅エキスとともに、酵素エキスを作るところも多い。野菜や果物を原料として、同量の砂糖を加えて発酵、熟成させたもので、原料によって風味が異なるので、どの料理に合わせるかを考える楽しみがある。

トトリムクチャプチェ

도토리묵잡채

ドングリ寒天と野菜の和え物

ドングリのでんぷんを寒天状に煮固めたものをトトリムクと呼ぶ。それ自体に味はないが、ぷるぷるとした食感が心地よく、薬味ダレをつけて食べたり、生野菜と和えてサラダ風にも味わう。大量に作った場合は干して保存性を高めることも多く、これをたっぷりの野菜と和えたチャプチェも人気の調理法。クニッとした食感が、シャキシャキ野菜と絶妙に合う。

材料（6人分）

乾燥させたトトリムク
（ドングリ寒天、拍子木切り）… 600g
セリ … 1束
ワケギ … 1束
タマネギ … 1個
ニンジン … 1個
パプリカ … 1/2個
エリンギ … 1本
サラダ油 … 1Tbsp
塩 … 1Tsp
ゴマ油 … 2Tbsp
コショウ … 少々

＜トトリムクの下味＞
醤油 … 2Tbsp
ゴマ油 … 2Tbsp

作り方

1. トトリムクは水（分量外）に浸して戻し、水気を切って醤油、ゴマ油で下味をつける。
2. セリとワケギは5cmの長さに切る。
3. タマネギは薄切りに、ニンジン、パプリカ、エリンギは千切りにする。
4. サラダ油をひいたフライパンで**2**と**3**を炒め、火が通ったらボウルにとる。
5. サラダ油をひいたフライパンで**1**を弾力が残る程度まで炒める。
6. **4**のボウルに**5**を入れ、塩、ゴマ油、コショウを入れて全体をよく和える。

通常は春雨で作る料理。ドングリ寒天を用いるのは、箸で春雨をぐーっと伸ばして食べるよりも、品よく食べられるからという意味もある。

もっとおいしく！ メモ

より伝統的な作り方ではパプリカではなく、種を取って斜め薄切りにした赤唐辛子、青唐辛子を用いる。乾燥させたトトリムクがない場合は、豆モヤシと韓国春雨を使ってもよい。豆モヤシは頭と根を取り、塩を加えた熱湯でゆがいたあと冷水にさらして水気を切る。韓国春雨もさっとゆがいて用いる。

材料（6人分）

牛カルビ … 400g

エリンギ … 2本

醤油 … 2Tbsp

酵素エキス（梅エキスで代用可）… 2Tbsp

ニンニク（みじん切り）… 少々

長ネギ（みじん切り）… 少々

サラダ油 … 1Tbsp

塩 … 少々

コショウ … 少々

作り方

1. 牛カルビは包丁で粗めに叩く。
2. 1に醤油、酵素エキス、みじん切りにしたニンニク、長ネギを入れてよく和える。
3. 2をハンバーグ状にまとめる（6～8個程度）。
4. エリンギを縦に4等分する。
5. サラダ油をひいたフライパンで、3と4を両面焼き、塩、コショウを振る。

大きいサイズは大皿用。P70のようにお膳で出す場合は、ひと口サイズに焼く。

トッカルビ

떡갈비

老若男女に愛される
焼肉風ハンバーグ

見た目はハンバーグ、食べるとしっかり焼肉の味がする。使っているのは牛カルビなので、味は高級肉そのもの。もともとはスジを切って食べやすくする工夫であり、歯の弱った年配の人への配慮でもあった。韓国には専門店も多く、宮中料理店でも出される贅沢料理。その一方でお弁当用の冷凍食品にもなる。多様なシチュエーションで愛される守備範囲の広い料理だ。

もっとおいしく！ メモ

タマネギと青唐辛子は煮込み終えた後に入れて、鍋にフタをして余熱で火を通してもよい。ユクスには煮干し、サッパ（ままかり）干し、生タラの頭、エビの頭などを入れてもよい。

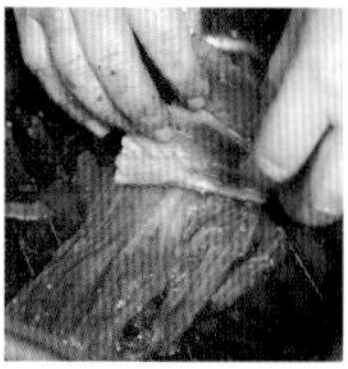

一般的には鍋の底にキムチを敷いてサバをのせる。わざわざ包むひと手間を加えたのは、サバにキムチの味をより染み込ませるため。

キムチコドゥンオジョリム

김치고등어조림

サバと熟成キムチの煮込み

韓国ではサバの人気が高く、焼き魚としても、煮魚としても利用する。熟成キムチと一緒に煮込むことも多く、専門店があるほどの人気料理である。たいていは半株、¼株のキムチを鍋に敷き、その上にサバの切り身を載せて煮込む。ぐるぐる巻いて作るのはイ・ナンヒかあさんのオリジナル。サバの脂とキムチの酸味の一体感に、なるほどと膝を打った。

材料（6人分）

塩サバ … 2尾
熟成白菜キムチ … 700g
熟成大根キムチ … 10かけ
タマネギの芽 … 6本
（長ネギ2本でも代用可）
タマネギ（大）… 1個

青唐辛子 … 2個
グレープシードオイル … 2Tbsp
ユクス（ダシ汁）… 適量

<ユクス（ダシ汁）>
水 … 2000～3000cc
乾燥コンブ … 10g
乾燥させた野菜の皮 … 適量
イワシの塩辛 … 5Tbsp

作り方

〔**ユクス**〕

a. 水に乾燥コンブと乾燥させた野菜の皮を入れて煮込み、イワシの塩辛を加える。

1. タマネギは薄切りに、青唐辛子は斜め薄切りにする。

2. 塩サバは半身が2～3片になるサイズに切る。

3. 熟成白菜キムチを広げて**2**を1片ずつぐるぐると巻く。

4. 鍋にタマネギの芽を敷き詰め、その上に**3**を積み重ね、合間に熟成大根キムチを入れる。

5. 作業中に余ったキムチの汁と全体が浸る程度の水（分量外）を注ぎ、グレープシードオイルを加える。

6. 強火で沸騰するまで煮込み、**1**を加え、弱火で2時間じっくり煮る。

7. 煮詰まってきたら適度にユクスを加える。

ミナリコンチジョリム

미나리꽁치조림

香り豊かなセリと
サンマの煮込み

　韓国でも秋になるとサンマが出回る。焼き魚にしたり、大根と一緒に煮付けたり。東海岸の浦項《ポハン》名物、クァメギ（サンマの生干し）をコンブやワカメ、海苔で包んで食べても美味しい。

　セリとサンマを組み合わせるのは珍しいが、瑞々しくも清涼な香りが柔らかく煮えたサンマとよく合った。サンマの味が染みたセリも美味。これでごはんを食べても美味しい。

材料（6人分）

セリ … 2束
サンマ … 4尾
タマネギ … 1個半
青唐辛子 … 4本
ニンニク … 4かけ
粉唐辛子 … 2Tbsp
ユクス（ダシ汁）… 適量（P79参照）

作り方

1. タマネギは薄切りに、青唐辛子は斜め薄切りにする。
2. ニンニクは1かけを3～4つに切る。
3. 塩を入れた熱湯でセリをさっとゆがいた後、冷水にとり、ざるで水気を切る。
4. サンマは頭と内臓を取り、半分の長さに切る。
5. **3**で**4**をぐるぐる巻く（サンマ半尾にセリ8～10本程度）。
6. **5**を鍋に重ねて入れ、**1**、**2**を入れ、全体が浸る程度にユクスを注ぐ。
7. 粉唐辛子を加え、強火で煮込み、沸騰したら弱火にして1時間じっくり煮込む。
8. 煮詰まってきたら適度にユクスを加える。

春にセリを食べるのは身体の中の掃除だとイ・ナンヒかあさん。冬の間に溜まった細胞の老廃物をきれいにしてくれると語る。

もっとおいしく！ メモ ――

P78のサバと同じく、タマネギと青唐辛子は煮込み終えた後に入れて、鍋にフタをして余熱で火を通してもよい。

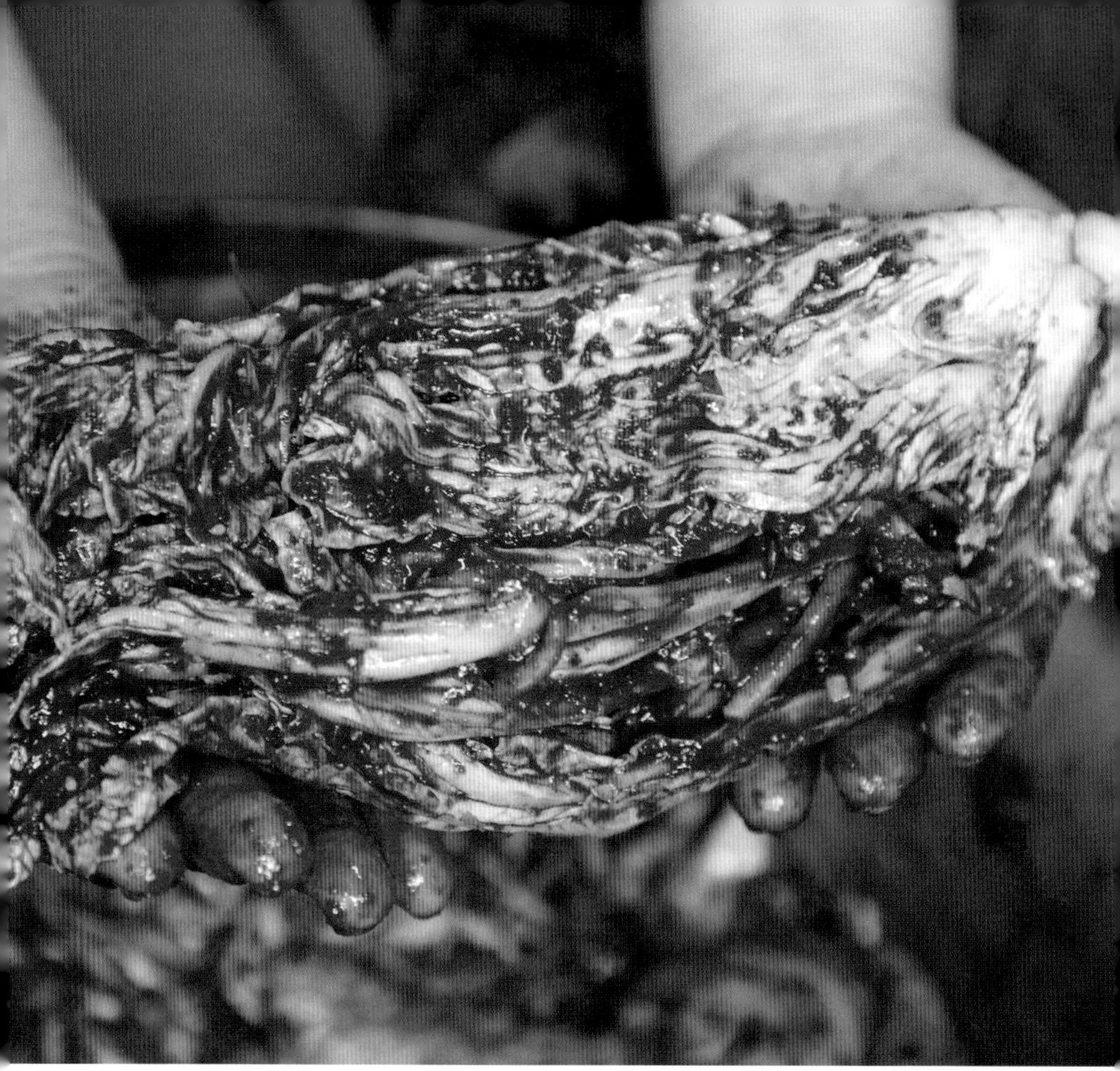

ペチュキムチ

배추김치

万能キムチヤンニョムで
3種のキムチ漬け

各家庭で作るキムチだが、イ・ナンヒかあさんのレシピでは、オリジナルのユクスを使うのがポイント。ただしその量はあくまでも目安であり、全体がとろっとして白菜と馴染みやすいぐらいを目安とする。なお、このキムチヤンニョムができたら、他のキムチにも応用可。この後で紹介するコッチョリ、チョクパキムチも一緒に作るなら量を多めにしてみよう。

材料（白菜1株分）

塩漬け白菜 … 1株

大根 … 1/2本

長ネギ … 1/2本

＜キムチヤンニョム＞

ユクス（ダシ汁）… 400cc（P79参照）

酵素エキス（梅エキスで代用可）… 60cc

イワシの魚醤 … 60cc

粉唐辛子 … 120g

もち粉ペースト … 3Tbsp（P133参照）

ニンニク（みじん切り）… 100g

ショウガ … ひとかけ

タマネギ … 1/2個

リンゴ … 1/2個

塩 … 適量

作り方

〔キムチヤンニョム〕

a. タマネギとリンゴをすりおろし、ショウガは細かくつぶす。

b. aをボウルに入れ、酵素エキス、イワシの魚醤、粉唐辛子、もち粉ペースト、みじん切りニンニクを加えてよく混ぜる。

c. 全体がとろっとするぐらいにユクスを入れる（必ずしも400ccでなくてよい）。

d. 味を見て薄い場合は塩を加えて調整する。

1. 大根は千切りに、長ネギは斜め薄切りにする。
2. 1をボウルに入れ、キムチヤンニョムを加えてよく混ぜ合わせる。
3. 2を塩漬け白菜の葉1枚1枚に塗り込む。
4. 冷暗所で24時間置き、冷蔵庫で3～5日熟成させる。

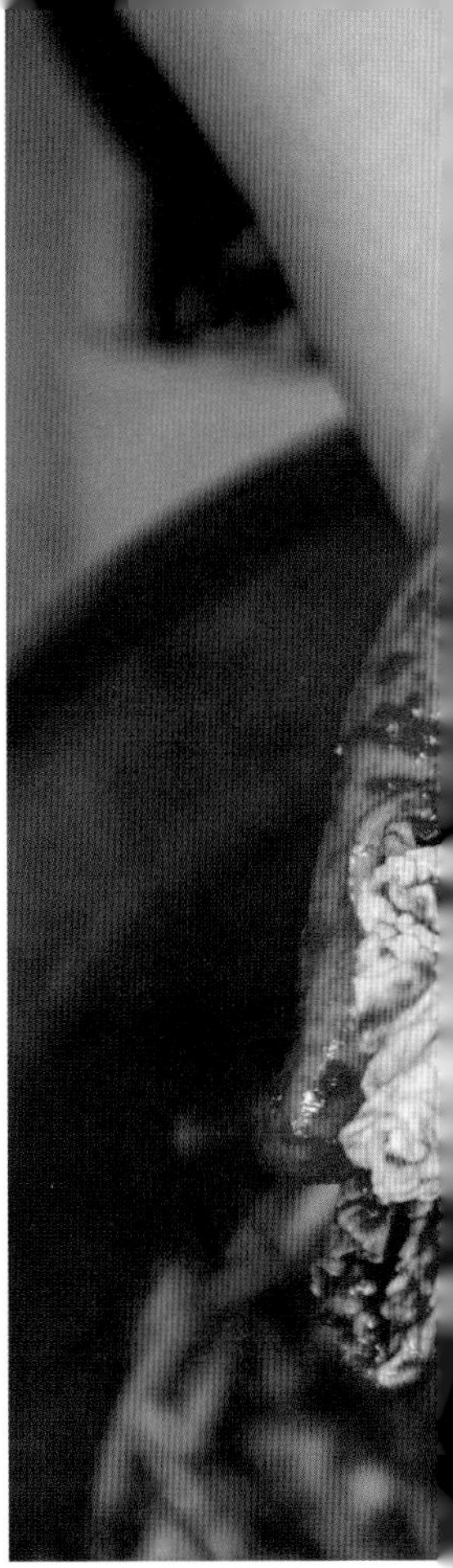

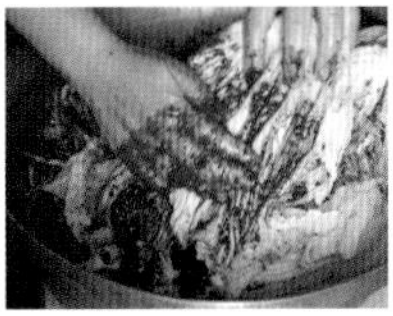

このキムチヤンニョムさえ作れば、カクトゥギ（大根の角切りキムチ）を作ったり、ナスやキュウリを漬けたり、いろいろ応用できる。

ペチュコッチョリ

배추겉절이

作ってすぐ食べる
浅漬けキムチ

コッチョリは浅漬けのキムチ。イ・ナンヒかあさんが作ったのは、ペチュキムチの余りを有効活用したものだ。塩漬け白菜をちぎって食べやすい大きさにしたうえで、セリ、タマネギを加えて全体をざっと和えた。コッチョリだけを作るなら、冬から春にかけて出回るオルガリ、ポムトンといった小さいサイズの白菜が向く。葉が柔らかく、瑞々しい甘さだ。

材料（白菜1/4株分）

塩漬け白菜 … 1/4株

タマネギ … 1個

セリ … 10本

ゴマ油 … 2Tbsp

白ゴマ … 2Tbsp

キムチヤンニョム … 適量（P83参照）

作り方

1. 塩漬け白菜を食べやすい大きさにちぎる。
2. タマネギを薄切りにし、セリは5cmの長さに切る。
3. **1**と**2**を混ぜ、キムチヤンニョムと合わせてよく混ぜ合わせる。
4. ゴマ油と白ゴマを加えてさらに混ぜる。

もっとおいしく！ メモ

コッチョリはサラダ風にちぎったサンチュで作っても美味しい。ペチュコッチョリの場合は魚介を入れることも多く、新鮮な生牡蠣やエビなどを加えるとメイン料理にもなる。

チョクパキムチ

쪽파김치

ごはんとも相性抜群
ワケギのキムチ

韓国語でチョクパと呼ばれるワケギ。チョクパキムチともいうが、単にパキムチ（ネギのキムチ）と呼ぶときもこのワケギで作ったものを指す。鼻にツンとくるほんのりした辛さが、唐辛子とはまた違う刺激として重なりあう。そのまま食べても美味しいが、ごはんに載せてくるっと巻いて食べるとさらにいい。一緒にテンジャンチゲ(味噌チゲ)があればもう最高。

材料（6人分）

ワケギ … 1束（300g）

キムチヤンニョム … 適量（P83参照）

作り方

1. ワケギはよく洗って水気を切り、キムチヤンニョムと混ぜ合わせる。

キムチヤンニョムを和える際、根元から葉先までをきれいに揃えておくと、大きめの平皿に盛ったときすっと伸びて美しく見える。

もっとおいしく！ メモ

食べやすさを優先するなら漬けるときにひと工夫。茎の部分を折りたたみ、葉先でくるっと巻けば、ひと口大になって箸でも取りやすい。

材料（6人分）

大根 … 1/2本

ワケギ … 5本（青い部分のみ使用）

青唐辛子 … 1本

乾燥させたケイトウの花 … ひとつかみ

水 … 2000cc

粗塩 … 3Tbsp

作り方

1. 大根を2、3mmの薄切りにする（型で抜いて花形にしてもよい）。
2. ワケギはみじん切り、青唐辛子は種を取ってみじん切りにする。
3. 鍋に水と乾燥させたケイトウの花を加えて煮出す。
4. 水がピンク色になったらケイトウの花を取り出す。
5. **4**を冷ましてから、**1**、**2**と粗塩を入れる。
6. ほんのり酸味が出るまで、常温で1～3日程度熟成させる。

大根の一部を花模様にしたのは、ケイトウの花を用いたから。「せっかく花を入れるなら模様も揃えなきゃ」とイ・ナンヒかあさん。

もっとおいしく！ メモ

ケイトウの花は色付けなので省略しても可。煮すぎると茶色くなるので注意。

ムルキムチ

물김치

汁を味わう
色合い鮮やかな水キムチ

ムルキムチは直訳すると水キムチ。汁気を多く作ったキムチを指し、むしろ具よりもその汁を楽しむ。スプーンを差し入れてスープのように口に運べば、すっきりとした酸味の中に野菜の甘味が活きている。食欲を引き立てるのにもいいし、ちょっとした口直しにもなる。これをベースとして冷麺のスープを作ってもいいし、素麺を入れてゴマ油をかけまわしても美味しい。

ちょっと一息、豆知識

かあさんたちの出身地

かあさんたちに、「コヒャンイオディセヨ（ご出身はどちらですか）」と尋ねた。現在の住まいと共通する人もいたが、別の地域から来た人もいる。出身地を聞くと、食の好みや得意料理に地域性が見えて面白い。

一般的に韓国でもっとも食が豊かだとされるのは南西部の全《チョル》羅《ラ》道《ド》。この地域の出身と聞けば、それだけでも料理上手な印象がある。対して南東部の慶尚《キョンサン》道《ド》は旧家が多く、昔ながらの料理が代々伝わるイメージ。中西部の忠清《チュンチョン》道《ド》と、北東部の江原《カンウォン》道《ド》は自然が豊かで農産物に恵まれる。ソウルと近郊の京畿《キョンギ》道《ド》は、都市部だけあって洗練された食文化を持つ。

もちろん出身地だけでひと口には語れないが、海沿いか、内陸かでも好みが分かれる。親しくなったかあさんがいれば、ぜひ出身を尋ねてみよう。

ユン・ヨンエかあさん　**全羅《チョルラ》南《ナム》道《ド》康津《カンジン》郡出身・在住**

康津は海産物が豊富な港町。海鮮鍋のフェチュンタン（回春鍋）や、魚介をふんだんに用いた韓定食を自慢とする。高麗時代（10～14世紀）には青磁の生産地として栄えた。

パクかあさん姉妹　**ソウル市出身、京畿《キョンギ》道《ド》城南《ソンナム》市在住**

ソウルは全国の食材が集まる中心地。城南はソウル南部のベッドタウンで、人口約94万人を抱える大都市だ。ドラマのロケ地として使われるカフェやスイーツ店も多い。

イ・ナンヒかあさん　**慶尚北《キョンサンブク》道《ト》慶州《キョンジュ》市出身・在住**

新羅の都として栄えた慶州。町中には古墳や城跡、寺院跡が多く、屋根のない博物館とも称される。歴史ある旧家では祭祀料理や伝統酒の製法を代々受け継いでいる。

ユン・ジニかあさん　**慶尚南《キョンサンナム》道《ド》昌原《チャンウォン》市出身、ソウル市在住**

かあさんの出身である馬山《マサン》地区は南部の名漁港として全国的に有名。郷土料理のアグチム（アンコウの蒸し煮）、ポックッ（フグのスープ）をはじめ、新鮮魚介が豊富に揃う。

キム・ヨンジャかあさん 忠清《チュンチョン》北《ブク》道《ト》陰城《ウムソン》郡出身、
京《キョン》畿《ギ》道《ド》安城《アンソン》市在住

陰城郡と安城市は道境をまたぐ隣接地域。海が遠いことから魚介料理より、野菜、山菜料理が食卓の中心を占める。陰城郡はエゴマの名産地。安城市は牛肉の飼育が盛んだ。

イ・ジェスンかあさん 慶尚《キョンサン》北《ブク》道《ト》盈徳《ヨンドク》郡出身、ソウル市在住

東海岸に面する盈徳郡はズワイガニの名産地。タコやカレイも名産であり、中でもムシガレイ（日本語がなまってミジュグリと呼ばれる）の刺身は郷土料理として人気が高い。

南海岸沿いの馬山《マサン》という港町の出身。釜山の大学に通ったあとソウルで就職し、結婚後はアメリカのフィラデルフィアで 8年暮らした。ふたりの息子さんもアメリカで出産。現在はご主人の実家が近いソウルの大峙洞《テチドン》で暮らす。

育ち盛りの
兄弟に愛情をそそぐ
ユン・ジニかあさん

ソウルを東西に横切る漢江《ハンガン》を基準に、北側を江北《カンブク》と呼び、南側を江南《カンナム》と呼ぶ。かつての王宮があるように、もともとのソウルは江北が中心であり、江南は郊外の静かな農村地帯であった。開発の手が入り、広大な土地を利用して大規模なマンション群が林立していったのは１９６０～７０年代から。現在は富裕層が住む憧れの町へとすっかり変貌し、流行の最先端をゆく商業地域とも連動しながら、利便性に富む高級住宅地として高い人気を誇る。

　その一角、江南区大峙洞《テチドン》は教育熱心な子育て世代が集まっている地域として知られる。地名の大峙とは「大きな峠」という意味で、名付けられたときののどかさが伝わってくるが、現在は未来の人材を輩出する有名学習塾が多く集まっている。この町に住んで３年というユン・ジニかあさんも、まさしく９歳、８歳の男の子ふたりを子育て中だ。

　広々としたリビングに通されると、まずはゆっくりしてくださいと、お茶と手作りのクッキーが出てきた。これがまず美味しい。この時点で料理上手を確信したが、その腕前は結婚後、８年生活したアメリカ時代に磨いたとの

多彩な厨房用具が揃う中、実母作のアクリルタワシも愛用。

1. 周辺には店が多く、買い物は徒歩5分圏内で解決するとか。**2.** 有機食品を扱う「チョロンマウル」や「ハンサルリム」、「生協」など6軒を使い分ける。**3.** 大通りに出ると道の向こうに、高さ555mのロッテワールドタワーが見えた。**4.** 一連の作業はテキパキという表現がぴったり。レシピも印刷したものを用意してくれたほど。

こと。

「外国にいるとどうしても韓国料理が恋しくなるじゃないですか。食べたいものは自分で作るしかないから、なんでも作るようになりました。伝統餅も作っていましたよ」

　実際に料理を作るところを見せてもらっても、テキパキと流れるように作業が進んでゆく。ハンドブレンダーや、みじん切りカッターなどの時短グッズも続々登場。それだけレパートリーの数も幅広いのだろうが、できるだけ普段よく食べているものを、とリクエストしたら肉料理が多めに並んだ。ご主人を含めて男3人。普段の食事にも、がっつりボリューム感のある肉料理が欠かせない。

　オーブンで焼き上げるLAカルビ（アメリカ風の牛カルビ焼き）や、ご主人の実家で学んだというコギティギ

4

ム（牛肉揚げ）、チャドルテンジャンチゲ（牛バラ肉入りの味噌チゲ）といったメニューはみんなの大好物だ。

とはいえ家族の栄養バランスを考えると、できるだけ野菜も食べさせたい。パパも含めて野菜が苦手という家族なので、「できるだけ野菜は見えないようにする」という工夫が生まれた。小さく刻んだり、他の食材と混ぜ合わせたりしながら、知らず知らずのうちに箸を伸ばせるメニューを数多く作る。今回作ってもらったケランヤチェバプチョン（野菜とごはんのチヂミ）はその典型で、パプリカをちょっと、タマネギをちょっとと足していた。もともとは仲の良いママ友から教わったもので、作ってみたところ子どものウケがよく定番になった。

調理法だけでなく食材そのものにも並々ならぬ気配りが見える。家族の健

1

2

康を考えて、できるだけよいものにこだわる。例えば、今回使ったものでも卵は徒歩10分の高級スーパーで買った１パック10個９８００ウォンの有機卵。牛肉は伝統方式でワラやもみがらなどを食べさせて飼育した１＋＋等級（最高等級）の韓牛《ハヌ》、醤油は有機農醤油、油はグレープシードオイル（今後はア

1. 向かって右が小学校 6 年生の兄テファンくん。左が小学校 4 年生の弟トンファンくん。ふたりは帰国子女も多いインターナショナルスクールに通っている。2. テファンくんの部屋。スポーツが得意でバスケットボールの選手としても活躍中。3. トンファンくんの部屋。好奇心旺盛な性格で科学の授業や工作を得意としている。

ボカドオイルに切り替える予定）といった具合である。

そもそもこの大崎洞には、こうしたオーガニックスーパーなど高級商品を取りそろえる店が多い。牛乳はココ、卵はココ、野菜はココと5～6軒の店を使い分けているが、それもすべて自宅から徒歩5分圏内に店があるという便利さだ。

ひと通りの料理ができあがったところで、学校が終わった子どもたちが帰ってきた。小学生の男の子ふたり、さぞかしやんちゃ盛りだろうと思いきや、外国からの珍客に驚いたのか、ちょっともじもじしていた。写真撮影のときも、「ほら、もっとくっついて、みんな笑いなさい！」とかあさんがぐっと抱き寄せる。何枚か撮るうちに固さもほぐれ、いい笑顔のスリーショットになった。

LA カルビ

LA 갈비

骨まわりの肉に
かぶりつく
アメリカンな牛カルビ

LAカルビはアメリカ式の牛カルビ焼き。韓国では肋骨に沿って肉を切るが、こちらは縦方向に骨ごとカットしている。その名称は、韓国人の多いロサンゼルスにちなんだとの説と、肉を切る方向が異なることから「Lateral Axis（側面の軸）」の略との説がある。

いずれにせよ甘いタレを絡めてじっくり焼き、豪快

材料（4人分）

LA カルビ … 1kg
醤油 … 1カップ（200cc）
水 … 1カップ（200cc）
砂糖 … 1/2 カップ
タマネギ … 1/2個
梨 … 1/2個
ニンニク（みじん切り）… 2Tbsp
ショウガ汁 … 少々
ゴマ油 … 2Tbsp
コショウ … 少々

＜パチェ（ネギ和え）＞
長ネギ … 2 本
すりゴマ … 2Tsp
粉唐辛子 … 2Tsp

作り方

〔**パチェ**〕

a. 長ネギをネギカッターで千切りにする。

b. **a** を冷水にさらしたのち、ざるにあげて水気を切る。

c. **b** をボウルに入れ、すりゴマと粉唐辛子を加え、よく揉み込む。

1. LA カルビは冷水に 15 分ほど浸して血を抜く。

2. タマネギと梨はすりおろし、醤油、水、砂糖、ニンニク、ショウガ汁、ゴマ油、コショウとよく混ぜ合わせる。

3. **2** に水気を切った **1** を漬け込んで、冷蔵庫で 1 日熟成させる。

4. 200 ～ 220 度に加熱したオーブンで両面を焼く。

5. 皿に盛り付けて、パチェを添える。

パチェはご主人の実家レシピ。店で食べると味が濃いので、家では肉料理の味を活かしてシンプルにすりゴマと粉唐辛子だけで。長ネギの千切りづくりはネギカッターが便利でお気に入り。

にかじりついて食べるのは同じ。いちばん美味しい骨まわりの部分を存分に味わおう。

プチュジョン
ケランヤチェ
バプチョン
カムジャジョン

サムセクチョン

삼색전

色合い鮮やかな
3色のチヂミ

日本ではチヂミと呼ばれるが、韓国ではチョン（ジョン）と呼ぶ。どちらも意味は「焼いたもの」。チヂミは南部の方言で、それが日本へと伝わって定着した。

お好み焼き状に大きく焼くだけでなく、韓国ではひと口大に焼いたものも仲間に含む。

野菜、キノコ、白身魚など具材も自由。彩りよく盛り合わせれば、ハレの日のお祝い料理にもなる。

プチュジョン

材料（4人分）

ニラ … 3～4本

水 … 50cc

天ぷら粉 … 70g

サラダ油 … 1Tbsp

作り方

1. ニラをハサミで3cmほどに切る。
2. **1**に水を加えてハンドブレンダーでペースト状にする。
3. **2**に天ぷら粉を加えてよく混ぜる。
4. フライパンにサラダ油をひいて、**3**をひと口大に焼く。

もっとおいしく！ メモ

子どもの好みに合わせて、塩気は天ぷら粉（ティギムカル）に入っているだけで。大人が食べて薄いようなら塩少々を足すか、つけダレとして薬味醤油を用意してもよい。

カムジャジョン

감자전

もっちり美味しい
ジャガイモのチヂミ

　ジャガイモをすりおろして焼くだけというシンプルなチヂミ。手軽ながらも、もっちりとした食感のよさで、子どもから大人まで幅広く愛されている。

　飲食店では飾りとして、表面に刻んだ赤唐辛子と春菊で花模様を作ったりもする。「でも、それをすると子どもたちが嫌がるのよね」とユン・ジニかあさん。野菜好きで、手間を惜しまない方は試してみよう。

材料（4人分）

ジャガイモ … 2個

水 … 適量

塩 … 1/2Tbsp

サラダ油 … 1Tbsp

作り方

1. ジャガイモは皮をむいて適当な大きさに切る。
2. 1に塩とハンドブレンダーが回る程度の水を加えて、ハンドブレンダーでペースト状にする。
3. 2を目の細かいざるにあげて水気を切る。
4. フライパンにサラダ油をひき、3を食べやすい大きさに焼く。

ハンドブレンダーがない場合は、おろし金ですりおろしても可。先に小さいものを焼いて味見をすると塩気の調節ができる。

もっとおいしく！ メモ

サイズや厚さは好みに合わせて。直径10cm、厚さ5mm程度でたくさん作るもよし。フライパンいっぱいに大きく作るもよし。

ケランヤチェバプチョン

계란야채밥전

彩り野菜とごはんのチヂミ

ケランは卵、ヤチェは野菜、バプはごはん。みじん切りの野菜と少量のごはんを溶き卵と混ぜて、チヂミ風に焼いた料理である。

味付けはごく薄味だが、組み合わせとしてはオムライスにも近い。ひと口でひょいと食べられるため、野菜嫌いな子どもたちからも好評だという。

ポイントは野菜を細かく刻むこと。かあさん曰く、「離乳食ぐらい」に。

材料（4人分）

卵 … 2個	エノキダケ … 少々
ごはん … 2Tbsp	タマネギ … 少々
パプリカ（赤）… 1/10個	塩 … 少々
パプリカ（黄）… 1/10個	サラダ油 … 1Tbsp
韓国カボチャ … 少々	

作り方

1. パプリカ、韓国カボチャ、エノキダケ、タマネギをみじん切りにし、塩で下味をつける。
2. 卵を溶いて1とごはんを混ぜ、サラダ油をひいたフライパンでひと口大に焼く。

ごはんが入るので子どもの朝食として作ることも。みじん切りカッターは野菜を大量に刻むのを見て実母がプレゼントしてくれた。

材料（4人分）

牛肉（薄切り）… 500g

片栗粉 … 350g

水 … 1カップ（200cc）

トウモロコシ粉 … 60g

塩 … 少々

コショウ … 少々

グレープシードオイル … 適量

醤油 … 1Tbsp

ワサビ … 少々

作り方

1. 牛肉に塩とコショウで下味をつける。
2. 片栗粉に水を入れてよく混ぜてしばらくおき、片栗粉が沈殿したら上澄みを捨てる。
3. **1** に **2** とトウモロコシ粉を混ぜてよく揉み合わせる。
4. **3** をひと口大の団子に作る。
5. 天ぷら用の鍋にグレープシードオイルをたっぷり注ぎ、中火で **4** を揚げる。
6. 火が通ったらキッチンペーパーにあげて油を切る。
7. 天ぷら鍋を強火にして、再度 **6** を戻し入れ、表面だけをさっと揚げてカリッとさせる。
8. キッチンペーパーにあげて油を切り、器に盛ってワサビ醤油を添える。

この日、下味に使ったのは乾燥エビを混ぜた自家製のエビ塩。油ものはたいへんなので食卓に上がるのは1週間に1度ぐらいとか。

コギティギム

고기튀김

モリモリ食べる
牛肉の天ぷら

この料理はユン・ジニかあさんがご主人の実家で食べて学んだもの。もともとはご主人のお母さんがよく作っていたものだとか。

牛肉は薄切りであればよいそうだが、この日は赤身のモモ肉を使用。トウモロコシ粉でコーティングした表面はカリッと香ばしく、片栗粉を混ぜ込んだ中身はもっちり。子どもたちはそのまま食べるが、ご主人のためにワサビ醤油も用意。

ヨングンティギム

연근튀김

手が止まらなくなる
レンコン揚げ

　サクサクとお菓子感覚で食べられるレンコンチップ。レンコンは血液の循環によいので子どもにも食べさせたいが、煮物だと苦手なので、薄切りをカリッと揚げて前菜がわりにすることが多いとのこと。

　味付けは少量の塩だけで、レンコン自体の甘味を引き出す。食感が軽いので後を引く。ちょっと味見のつもりが、思わず手が止まらなくなってしまった。

材料（4人分）

レンコン … 1個

塩 … 少々

グレープシードオイル … 適量

作り方

1. レンコンは皮をむいて薄くスライスした後、水気を切る。
2. 天ぷら用の鍋にグレープシードオイルをたっぷり注ぎ、1をカリッと揚げる。
3. キッチンペーパーにとって油を切り、塩を振りかける。

レンコンはできるだけ薄切りに。包丁はドイツのヘンケルスを愛用。いろいろ使ってみたところ、これがいちばん手に合ったとか。

トッパプ

톳밥

磯の香り満載の
ヒジキごはん

韓国でもヒジキはよく食べる。さっと茹でて和え物にすることがもっとも多いが、味噌チゲに入れたり、炊き込みごはんにもする。

最近は便利な粉末タイプの商品も売られているが、ユン・ジニかあさんは自ら乾燥ヒジキをミキサーで砕く。炊飯時にさっと振りかければ、ヒジキごはんのできあがり。香りがよいのはもちろん、鉄分、ミネラルなど栄養価も満点だ。

材料(4人分)

雑穀米 … 3合

乾燥ヒジキ … 1Tsp

作り方

1. 雑穀米を洗って炊飯器に入れ、水を普段通りに注ぐ。
2. 細かく砕いた乾燥ヒジキを入れて炊く。

韓国の家庭では雑穀米を日常的によく食べる。炊飯器の目盛りを見ると、白米のほか、雑穀、発芽玄米、栄養粥といった表記もある。

チャドルテンジャンチゲ

차돌된장찌개

牛肉入りで濃厚に仕立てる味噌チゲ

　薄切りの牛バラ肉をチャドルバギと呼び、焼肉店では焼きしゃぶ風にして味わう。薄切りだけにすぐ焼けるのだが、このとき脂が溶けて、ちゅるちゅる縮む姿が妙に愛しい。

　そのチャドルバギをテンジャンチゲ（味噌チゲ）に入れて煮込むのは近年の流行り。肉のうま味と豊富な脂が、汁に溶け出てコクが増す。米と一緒にがっつり食べたくなる、男の子好みの濃厚仕立てだ。

材料（4人分）

牛バラ肉（薄切り）… 300g
水 … 1000cc
天然ダシパック（煮干、エビなどの混合）… 1個
ニンニク（みじん切り）… 2Tbsp
テンジャン（味噌）… 2Tbsp
粉唐辛子 … 1Tbsp
長ネギ … 1/2本
タマネギ … 1/2個
青唐辛子（辛口）… 2本
赤唐辛子 … 1本

作り方

1. 鍋に水と天然ダシパックを入れて火にかけ、ダシ汁を作る。
2. 別の鍋で牛バラ肉、ニンニク、テンジャン、粉唐辛子を入れて炒める（油はひかなくても牛バラ肉から出てくる）。
3. 牛バラ肉に火が通ったら、1のダシ汁を注いで煮込む。
4. アクや余計な脂が出たら取り除く。
5. 長ネギ、青唐辛子、赤唐辛子は小口切り、タマネギも小さく切って鍋に入れる。
6. 弱火で10分ほど煮込む。

テンジャンは実母の自家製。牛肉と一緒に炒めることで下味にもなり、雑味もとれる。牛肉が多めなのは子どもの好みに合わせて。

횡단보도
마트

TEL
754-8122
흥부네
조은
부동산
참숯

80年代はじめから飲食店を営み、石板を利用した牛ホルモン焼きはたくさんの常連客をとりこにした。いまでもその腕前は健在。夫婦仲は写真の通りラブラブで「お父さんが死んだらあたしも死んじゃう!」とも。

お母さまの墓前に立つとうさん。周辺にはちょっとした畑もあり、とうさんが手入れの合間に白菜やワケギなどを栽培している。

親族大集合の料理を作り上げる

キム・ヨンジャかあさん

ソウルから南へ車で1時間半程度行くと、京畿道《キョンギド》安城《アンソン》市に着く。ソウルを囲む京畿道は交通網の発達により、すでに膨張するソウルの一部といった感すらある。その中で最南部に位置するのが安城市であり、ソウル郊外でありつつも、ほどよく田舎の雰囲気も兼ね備えているのが魅力だ。こんなところでのんびり過ごせたらいいなぁ、と思ったところに、レンガ作りの広々とした一戸建てがあった。

ソウルや仁川《インチョン》で長らく飲食店を営んでいたキム・ヨンジャかあさんが、この町に引っ越してきたのは7年前のこと。それこそのんびりするためかと思いきや、ここはご主人であるユ・ボンモクとうさんの故郷なのであった。家から徒歩5分のところに両親と祖父母のお墓があり、これを守るために安城へと戻ってきたという。

せっかくなのでお墓に案内してもらった。韓国の伝統的な墓は墓碑を置くのではなく、明堂《ミョンダン》と呼ばれる風水上の吉地にこんもりとした土饅頭を作る。ここでは芝生で覆われた3つのお墓が縦に並んでいた。すぐ近くに住んでいるのもあるのだろうが、見るからに管理の行き届いた雰囲気で、先祖を大事

肩口からのぞくかおりさんに、キムチをちぎって味見をさせるかあさん。味を教えるというよりも相談しながら一緒に作っている感じ。

1. 料理を半分作ったところで、みんなで昼食。ボリュームがあるので残りの半分は夕食に。**2.** 庭にはたくさんの甕が置かれている。

にする韓国の儒教精神がよく伝わってくる。

「手前が母、真ん中が父、いちばん奥には祖父母が合葬されています」

そのお墓を守るように、周囲にはたくさんの木が植えられていた。一部はユ・ボンモクとうさんが植えたものだが、とうさんのお父さん、おじいさんが植えたものもある。山茱萸《サンシュユ》、栗、そして梅の木。初夏になるとここで青梅をとって、それで梅エキスを作るのもとうさんの仕事だ。これがキム・ヨンジャかあさんの作る料理の大事な甘味となる。

もともと飲食店を営んでいたことも関係するのだろうが、キム・ヨンジャかあさんの作る料理はどれも量が多い。韓国語ではこれを「ソニ クダ（手が大きい）」と表現し、気前よくたくさんのものを振舞う慣用句となっている。あるいはとうさんが8人兄弟の長男で、かあさんは5人兄弟の末っ子と、親戚が非常に多いことも影響しているのかもしれない。

普段はふたり暮らしのこの家も、なにかイベントごとがあれば大勢の来客でごった返す。日常的によく集まるレギュラーメンバーだけでも32名。もっとも多いときでは60名が集まったというから驚きだ。去年のキムジャン（冬に大量のキムチを漬ける作業）に、250株の白菜キムチを漬けたというのも納得のいく話。ただし、飲食店時代は1000株をいっぺんに漬けたそうなので、これでもまだまだというところだろう。

今回作ってもらった料理も、牛プルコギ（焼肉）が10人分、キムチチヂミが10人分、ケランチム（卵蒸し）は卵8個を使用するボウルいっぱいの巨大

1

サイズで、豆モヤシの炊き込みごはんも炊飯器の限界までと、いずれも超ボリュームであった。

これらをたいらげるため、応援に来てくれたのが次男のソンミンさん一家。日本から嫁いだ奥様のかおりさんと、ソラちゃん、ナナちゃん姉妹は、みんなキム・ヨンジャかあさんの料理が大好物だ。特にソラちゃん、ナナちゃんは、

「おばあちゃんが漬けるキムチは種類が多くて全部が美味しい！」

と太鼓判を押す。

みんなでできあがった料理をいただきながら気付いたことがあった。料理の腕はもちろんのこと、素材のひとつひとつが美味しい。聞いてみるとケランチムに使った卵は近隣にある養鶏場から直接購入したもの。コンナムルバプ（豆モヤシの炊き込みごはん）のお米は知り合いの農家に委託して栽培し

ているものであった。このあたりは商売で培った目利きの力もあるのかもしれない。

ちなみにこのお米も家族で分け合う。

「ウチにも一年分を送ってくれるんですよ」

とかおりさん。ここでもさすがの「手の大きさ」である。

1. リビングで集合写真。次女のナナちゃんはこの直前まで顔の前でお茶目なダブルピース。それを隣で制したしっかりもののソラお姉ちゃん。**2.** できあがったキムチを見せてくれるかあさん。この白菜もお墓の横で栽培したもの。**3.** テレビ脇には一族の族譜（家系図）をまとめた本が。**4.** とうさんの古希祝いに撮った集合写真。

2

3

4

材料（10人分）

牛モモ肉の薄切り … 900g

梨 … 1個

タマネギ … 2個

ニンジン … 1個

長ネギ … 1本

エノキダケ … 300g

サラダ油 … 適量

＜プルコギのタレ＞

梅エキス … 1Tbsp

砂糖 … 3Tbsp

料理酒 … 5Tbsp

醤油 … 120cc

ニンニク（みじん切り）… 2Tbsp

ゴマ油 … 1Tbsp

すりゴマ … 1Tbsp

コショウ … 1/2Tbsp

作り方

1. 梨とタマネギ1個をすりおろす。
2. もう1個のタマネギを薄切りに、ニンジンを千切りにする。長ネギは小口切りにする。
3. 牛肉を大き目の容器に入れ、**1**、**2** と混ぜ合わせたプルコギのタレを入れ、冷蔵庫で1日熟成させる。
4. サラダ油をひいたフライパンに **3** を汁ごと入れ、弱火で煮るように炒める（全部を一度に炒めると多すぎるので何度かに分けるとよい）。
5. 牛肉が半分ほど煮えたら、エノキダケの根元を切り落としてほぐして加え、全体に火を通す。

できあがり写真は漬け込んだ牛肉の1/3程度。残りは夕食時に再度でき立てで味わう。

プルコギ

불고기

甘こってりと仕上げる
牛焼肉

プルコギの美味しさは牛肉のうま味を引き出す甘味にあり。市販のタレもあるが、家で作るのなら自分好みに仕上げたい。好みの野菜や果物をすりおろしつつ、砂糖や梅エキスも加えて重層的に。この絶妙なる甘こってり具合が心をくすぐる。肉だけモリモリ食べてよし、ごはんと一緒に味わってもよし。韓国式に葉野菜で包んで食べてもフレッシュで美味しい。

キムチジョン

김치전

キムチの熟成が決め手のキムチチヂミ

漬けたてのキムチも美味しいが、韓国ではじっくり寝かせた熟成キムチも好まれる。韓国語では古漬けという意味でムグンジと呼ぶ。温度変化の少ないキムチ冷蔵庫に入れておけば、2～3年は平気で持つ上に、期間をおいてじっくり熟成させたキムチは酸味の中にもむしろ深みが出る。キムチジョンに使うのもムグンジ。熱を加えてより美味しいのがムグンジである。

材料（10人分）

熟成キムチ … 1/2株
チヂミ粉 … 600g
水 … 1000cc
サラダ油 … 適量

＜ヤンニョムジャン（薬味ダレ）＞
醤油 … 300cc
すりゴマ … 1Tbsp
みじん切り葉ネギ … 10本分
みじん切りニンニク … 1/2Tbsp

作り方

1. チヂミ粉に水を入れて生地を作る（水の量は製品によって調整）。
2. 熟成キムチを食べやすくザク切りにして、1に入れる。
3. フライパンにサラダ油を多めにひき、2を数度に分けてお好み焼き状に焼く。
4. 焼けたら器に盛って、混ぜ合わせたヤンニョムジャンを添える。

熟成キムチを寝かせるキムチ冷蔵庫。

美味しく作る秘訣は薄く焼くこと。おたまの底で伸ばすように広げる。とうさんの好物であり、みんなが集まるときにもよく作る。

コンナムルバプ

콩나물밥

カンタン豆モヤシの炊き込みごはん

韓国のかあさんはその日のおかずを見て、品数や栄養が足りないかなと思うときは、ごはんに穀物や野菜を足して調整をする。雑穀ごはんや炊き込みごはんの登場する頻度はたいへん多い。コンナムルバプも定番のひとつ。一緒に混ぜて食べるエゴマ油とヤンニョムジャンがポイントで、これがなんとも香ばしく後を引く。丼サイズの大きな器に盛ってモリモリ食べよう。

材料（10人分）

うるち米 … 4合
もち米 … 1合
豆モヤシ … 700g
エゴマ油 … 適量
ヤンニョムジャン … 適量（P125参照）

作り方

1. うるち米ともち米を混ぜてとぐ。
2. 豆モヤシを洗って水気を切る。
3. 炊飯器に**1**と**2**を入れ、水を普段よりも少なめにして炊く。
4. ごはんが炊けたらよく混ぜ、エゴマ油とヤンニョムジャンを添える。

普段は圧力釜でごはんを炊いているが、コンナムルバプを作る場合は豆モヤシの水分で柔らかくなりすぎるため普通の電気釜を使う。水を普段より少なくするのがコツ。

テンジャンチゲ

된장찌개

具だくさんが美味しい
味噌チゲ〜春Ver.

テンジャンチゲのいいところは、具だくさんなところ。たっぷりの野菜から甘味が出て、味噌の塩気をほどよくやわらげてくれる。味の染みた豆腐と、ピリッと辛い青唐辛子はレギュラーメンバー。そこへ日替わりの主役として、肉や魚介、キノコなどが加わる。春になれば山菜こそが主役。少しほろ苦さをまとった大人の味で、汁のうまさにいっそうの磨きがかかる。

材料（6人分）

ダシ汁 … 下記参照
テンジャン（味噌）… 130g
ノビル … 100g
ナズナ … 100g
青唐辛子 … 2本
豆腐 … 2丁
長ネギ … 1本

作り方

1. ノビルとナズナを洗う。ナズナのみさっと茹でて水気を絞り、両者を5cmに切る。青唐辛子は斜め薄切りにする。
2. ダシ汁を作り、テンジャンを溶く。
3. 2に1を入れてひと煮立ちさせ、ひと口大に切った豆腐と、斜め薄切りにした長ネギを加える。アクが出たら除く。
4. フタをして10分ほど弱火で煮込む。

<ダシ汁>
水 … 1600cc
米のとぎ汁（2度目のもの）… 400cc
乾燥コンブ … 10g
煮干し … 7匹
サッパ（ままかり）干し … 3匹
タマネギ … 1個
大根 … 1/5本
シイタケ … 5個

作り方

1. タマネギは半分に、ダイコンはふたつに切る。
2. シイタケは軸を取る。
3. 鍋に米のとぎ汁以外の材料すべてを入れ、20分ほど煮込む。
4. 鍋から乾燥コンブだけを取り出し、もう20分煮込んで残りの材料を取り出す。
5. 4に米のとぎ汁を加えて混ぜる。

テンジャンはお取り寄せをした竹塩入り。2年前に旅行で行った際に買ったものが、美味しかったのでその後も取り寄せている。

ケランチム

계란찜

ふわふわの
韓国式茶碗蒸し

韓国式の茶碗蒸しと呼ばれるケランチムは、大量にドーンと作ってみんなで分け合う。日本のように「す」が入ることは心配せず、蒸さずに直接トゥッペギ（チゲ用鍋）を火にかけながら作ることも多い。ポイントとなるのはダシと塩味を兼ねるセウジョッ（アミの塩辛）。キムチを作るときにも欠かせない食材で、韓国の家庭には必ず常備されている塩辛のひとつだ。

材料（10人分）

卵 … 8個

水 … 700cc

アミの塩辛 … 30g

長ネギ … 1/3本（青い部分のみ使用）

すりゴマ … 1Tbsp

作り方

1. ボウルに卵を割り入れ、水、アミの塩辛、小口切りにした長ネギ、すりゴマとよく混ぜる。
2. 鍋、または蒸し器に水（分量外）を適量注ぎ、ボウルごと入れて30分ほど蒸す。卵の量が多いのでかたまり始めたら少し混ぜるとよい。
3. スプーンを刺し入れて卵液が出なければできあがり。

少なめに作る場合は卵2個からでも可（2人前）。完全にかたまるまで火を通すのではなく、少し汁気が残るぐらいが美味しい。

ペチュコッチョリ

배추겉절이

さっと仕上げる
サラダ風キムチ

日本の焼肉店に行くと、チョレギサラダというメニューをまま見かける。このチョレギとはもともと韓国南部の方言で、標準語ではコッチョリと呼ぶ。直訳すると「外側だけ漬けたもの」という意味で、熟成期間を置かず、作ってすぐ食べるキムチのこと。白菜やサンチュなどの葉野菜で作ることが多く、そのフレッシュな味わいはサラダ感覚。瑞々しさを楽しもう。

材料（白菜1株分）

白菜 … 1株　　キムチヤンニョム … 下記参照

粗塩 … 2Tbsp

作り方

1. 白菜はひと口大に切り、粗塩を加えて和える。
2. **1**を1時間ほど寝かせた後、水で洗って水気を切る。
3. キムチヤンニョムと混ぜて全体を和える。

＜キムチヤンニョム＞

梨 … 1個
タマネギ … 1個
葉ネギ … 10本
ニンニク（みじん切り）… 1Tbsp
アミの塩辛 … 1Tbsp
イワシの魚醤 … 1Tbsp
白ゴマ … 1Tbsp
ショウガ … ひとかけ
梅エキス … 2Tbsp
もち粉ペースト（下記参照）… 3Tbsp
粉唐辛子（甘口）… 5Tbsp

作り方

1. 梨とタマネギをすりおろす。
2. 葉ネギを5cmの長さに切る。
3. ショウガを包丁の柄でつぶす。
4. **1～3**と残りの材料をボウルに入れてよく混ぜ合わせる。

＜もち粉ペースト＞

水 … 200cc　もち粉 … 50g

作り方

水ともち粉を鍋に入れて火にかけ、全体を混ぜながら沸騰させる。沸騰した状態から全体がとろみを帯びてペースト状になったら火を止めて冷ます。

材料（4人分）

ワケギ … 40本

＜チョゴチュジャン（唐辛子酢味噌）＞

コチュジャン … 3Tbsp

酢 … 1Tbsp

梅エキス … 1Tbsp

砂糖 … 1Tbsp

作り方

1. 塩少々を入れた熱湯でワケギをゆがく。
2. ワケギは冷水で洗って水気を切り、ひと口大にぐるぐると巻いて結ぶ。
3. 皿に盛り付け、材料を混ぜ合わせたチョゴチュジャンを添える。

もっとおいしく！ メモ

茹でたイカを添えるとよりいっそう豪華に。春に旬を迎えるセリで作っても美味しい。

パガンフェ

파강회

くるくるっとひと口
サイズのワケギ巻き

ゆがいたワケギの、根の部分を３ｃｍほどの長さで２〜３度折り重ね、それを芯として葉先の部分をぐるぐると巻き付ける。先端は間に差し込んで固定すれば、食べやすいひと口大になって見た目にもきれいだ。熊本の郷土料理ひともじのぐるぐるともよく似たような感じ。チョゴチュジャン（唐辛子酢味噌）につけて食べれば、ワケギの甘さが口に広がる。

ヤンパジョリム

양파절임

箸休めにぴったりの
タマネギ漬け

焼肉店でよく見るタマネギ漬け。そのさっぱりした甘酸っぱさは、最高の箸休めであり、肉の脂気を瞬時に洗い流してくれる。青唐辛子がピリッと効くのもポイント。この漬け汁をタレとして食べても美味しい。キム・ヨンジャかあさんのレシピは飲食店時代に人気を博したそのまま。さすがの味で、箸休めどころか、休むことなくタマネギをつまんでしまう。

材料（4人分）

タマネギ … 5個

青唐辛子（辛口）… 7本

醤油 … 500cc

酢 … 100cc

梅エキス … 100cc

砂糖 … 100cc

焼酎 … 40cc

作り方

1. タマネギをひと口大に切り、青唐辛子は小口切りにする。
2. 容器に醤油、酢、梅エキス、砂糖、焼酎を入れて混ぜ合わせ、**1**を入れて冷蔵庫で1日熟成させる。

もっとおいしく！ メモ

味が染みすぎないよう、少しずつ漬けて都度食べきるのがよいとのこと。サムギョプサル（豚バラ肉の焼肉）などの付け合わせとして活躍するが、つけダレにしても美味しい。

プジケンイナムル

부지깽이나물

島でとれた
貴重なゴマナのナムル

　本土から約１３０ｋｍ離れた鬱陵《ウルルン》島《ド》は、火山を中心とする迫力ある景観と、山菜、魚介の美味しさが魅力の島だ。名産であるプジケンイ（ゴマナ）のナムルは、茎がシャキシャキと食感よく、ほのかな苦みが染み出てくる。

　韓国人でもなかなか行きにくい場所だが、ちょうど夫婦で旅行に行ったばかりとのこと。しかも、４度目と聞いてのけぞった。

材料（4人分）

ゴマナ … 400g

クッカンジャン（薄口醬油）… 1.5Tbsp

エゴマ油 … 1Tbsp

すりゴマ … 1Tbsp

ニンニク（みじん切り）… 1/2Tbsp

長ネギ（みじん切り）… 1/2Tbsp

作り方

1. ゴマナの根元を落とし、よく洗う。
2. 塩少々を加えた熱湯でゴマナをゆがき、冷水にさらして水気を切る。
3. **2** をボウルに入れ、クッカンジャン、エゴマ油、すりゴマ、ニンニク、長ネギを加えて、全体をよく和える。

もっとおいしく！ メモ

茹で時間は「ホウレンソウよりもちょっと長めぐらい」。茎のシャキシャキ感を残しておき、ほんのりとした苦みを活かす。味付けもやや薄めにして香りを大事に。

ちょっと一息、豆知識

キムチいろいろ。

韓国人にとってキムチは食卓に欠かせない日々のもの。最近でこそ市販品を買う家も増えているが、日常の習慣としてキムチを作るかあさんはまだ多い。またひと口にキムチと言っても、白菜、大根、キュウリ、葉ネギ、カラシナなど種類は豊富だし、浅漬け、古漬けの区別もある。同じ白菜キムチでも、家ごとに副材料や、味の決め手となる塩辛が違ったりするので、キムチの味はかあさんによってまったく違う。かあさんの味、それが家の味なのだ。

イ・ジェスンかあさん流

出身は慶尚道だが作るのはソウル式。葉ネギ、セリ、カラシナなど野菜を多く使い、もち粉ペーストを多めにしてまろやかに仕上げる。
>> 158 ページ

イ・ナンヒかあさん流

オリジナルのユクス（ダシ汁）を使ってうま味を出すのが特徴。さらにアカシアの花を砂糖と漬け込んだ酵素で甘味を加えている。
>> 82 ページ

ユン・ヨンエかあさん流

塩辛ともち粉ペーストを多めに使い、濃厚に仕上げる全羅道式。水気を嫌って千切り大根を使わないのが流儀。唐辛子は自家栽培。

韓国食材を持ち帰るために。

韓国の市場やスーパーでは本格的な食材が手に入る。ただ、ここで気を付けたいのが検疫の存在。まず肉類、肉加工品はすべて日本への持ち込みは禁止。また野菜、果物、香辛料、韓方材など植物検疫にかかわるものは2018年10月より規制が厳しくなった。韓国で出国手続きをする前に空港内の検疫所を訪れ、検査証明書を取得したうえで、これを日本の空港の植物検疫カウンターで提出、検査を受けなければならない(詳細は最寄りの植物防疫所で確認を)。

生の高麗人参は土が検疫に引っかかる。食材によっては所定の手続き以外にも注意点があるので気を付けたい。生の高麗人参は天ぷらにするほか、鶏と煮込んでも美味しい。

乾燥ナツメは検疫の対象外。生マツタケも検査なしで持ち込めるなど食材ごとに異なる。

市場のお役立ちワード

よりよい品を買うために覚えておきたいのが「국산(国産)」「국내산(国内産)」の文字。多くの場合、国産(＝韓国産)のほうが値段は高くとも質がいい。

こちらの店ではエゴマ油をフタで区別。白が国産でW1万5,000、黄色が中国産でW8,000。

약
HA NUL CHE
하늘채
106
SPR

Phở noodle
명문부동산
3142-0055
337-4544
1544-0085

東海岸沿いの盈徳《ヨンドク》郡出身。韓国で盈徳といえば、まずズワイガニが思い浮かぶほどの名産地であり、幼いころから新鮮な魚介料理に親しんだ。ただし、ご主人があまり魚介好きでないため食卓にのぼる頻度は少なめだとか。

朝食付きのゲストハウスを営む

イ・ジェスンかあさん

窓から見える南山《ナムサン》タワーまでが夫婦の散歩コース。摘んできた木蓮の蕾は韓方の一種で煎じて飲むと蓄膿などに効果がある。

ソウル駅近くの厚岩洞《フアムドン》に、日本人向けのゲストハウスがある。名前を「剛の家」という。オーナーが大の日本びいきで、熱狂的な長渕剛ファン。ドラマ『とんぼ』での役名「小川英二」と組み合わせ、韓国人でありながら小川剛を名乗っている。

　このゲストハウスにおける大きな魅力が、ホスピタリティあふれる剛さんの人柄と、奥様であるイ・ジェスンかあさんが作る毎日の朝ごはんだ。

　しばらく前からソウルではゲストハウスが増え、利便性のよいところ、リーズナブルな価格を売りにするところ、イベントの充実したところ、女性専用など、旅のスタイルによって選択の幅は大きく広がった。そのうえでこの「剛の家」においては、親戚の家にお邪魔したようなアットホームさと、リアルな家庭料理をウリにしている。

　毎朝8時〜8時半頃に用意される朝ごはんは、ご夫婦が自分たちのために用意するものとまったく同じ。観光客として飲食店をめぐるだけでは出合えない、生活に根差した食模様を体験することができる。ごはん、汁もの、おかず4品（たまに5品）、デザート付きという構成が定番だが、季節ごとの

撮影日前日の朝ごはん。ごはんとスープ、角皿に４品の副菜が毎朝の基本スタイル。食後はコーヒー、または緑茶にデザートの果物もつく。日曜日はトッマンドゥクッ（餃子入りの雑煮）のような一品料理になることも。

食材を盛り込みつつ、毎日献立を変えている。

撮影の日は、モチアワ入りのごはんに、牛肉と大根のスープ、フキの和え物、ウシオツメクサの和え物、茹でコンブ、シメジのエゴマ炒め、サバの焼き魚というラインナップ。これが、その前後の日では以下のように変わる。

前日……黒豆ごはん、スパム入りキムチ鍋、ホウレンソウのナムル、豚肉とキャベツの炒め物、大豆モヤシのナムル、ヒジキと豆腐の和え物。

翌日……黒米ごはん、練り物と大根のおでん風スープ、明太子入り卵蒸し、サバの焼き魚、白菜の浅漬けキムチ、セリのナムル。

日々の献立を考えるだけでも大変だし、これらを朝6時から同時進行で手早く仕上げるのだからすごい。たいていの韓国家庭では常備菜を大量に作っ

1. 朝のキッチンには同時進行でさまざまな料理が並ぶ。2. 記念撮影付きの伝統衣装体験。

て冷蔵庫に保管し、それを毎食少しずつ食べるのだが、ここでは剛さんができたての料理にこだわるため、キムチを除いてすべての料理をイチから作る。どのように作業をしているのかを、時系列としてP160にまとめたので、ぜひ順を追って見てほしい。

ゲストハウスの仕事は朝食が終わっても続く。宿泊以外にさまざまな文化体験のプログラムを行っているので、予約が入っているときはその準備にも忙殺される。人気のあるキムチ漬け体験の様子はP168を参照。

それ以外にも宿泊客のさまざまなリクエストに応えつつ、空いた時間では地域のボランティア活動にも積極的に参加をしている。

休日には夫婦ふたりでバイクに乗ってツーリングに出かけたり、登山を楽しむこともあるようだが、話を聞いていると毎日ずいぶん忙しそうだ。

合間に掃除、洗濯などの家事もこなしつつ、お客様の送迎がなければ夜はリラックスタイム。結婚を控えた次男のクッポさんが婚約者さんを連れて遊びにきたので、イ・ジェスンかあさんが今度はおもてなしの料理を作る。午前中の体験プログラムで漬けたキムチに合わせて近所の精肉店でブロックの豚肉を購入。韓方材と一緒に煮込めば、剛さんの好物でもあるスユク（茹で豚）ができあがる。

たっぷりの葉野菜を用意し、牡蠣の和え物とともに包んで食べれば、豚の脂と牡蠣の風味が重なりあって極上の美味しさ。そこへ追い打ちをかけるようにマッコリをぐびり。幸せの極致ともいえる瞬間だが、剛さんの空いたグラスには婚約者さんがさっとマッコリを注いでくれる。いちばん幸せそうな

ソウル駅の近くとあってオフィスビルが林立。とはいえ近所には昔ながらの厚岩市場があるほか、個人商店も多く暮らしやすい。イ・ジェスンかあさんの買い物も大型スーパーではなく、野菜はココが新鮮、肉はココのサービスがよいと馴染みの店を何軒も巡る。

のがこの人。

「剛さん、娘ができた気分はいかがですか?」

「それはもう最高だよ!」

いつにも増してご機嫌であり、饒舌であり。

アットホームさを売りにするゲストハウスのリビングが、普段以上に家庭的で幸せな空間であったのは言うまでもない。

1. 行きつけの精肉店でブロック肉を購入。2. 次男のクッポさんと婚約者のポファンさん。新たな家族を囲んで幸せな夕食風景。3. 地元密着の個人スーパーで買い物。4. 早朝の食事作り。5. 剛さんも朝食作りを手伝う。

モウィナムルムチム
フキの和え物
セバルナムルムチム
ウシオツメクサの和え物
マンガダッポソッポックム
シメジの炒め物
ソゴギムクッ
牛肉と大根のスープ

ヤンニョムジャン
コンブでごはんを包むときの薬味ダレ
朝ごはん
タシマサム
茹でコンブ（ごはんを包む）
コドゥンオグイ
サバの焼き魚
パプ
ごはん

モウィナムルムチム

머위나물무침

ほろ苦さを楽しむ
フキの葉の和え物

春は山菜の季節。近所の市場にフキの若い葉っぱが出ていたと、イ・ジェスンかあさんが買ってきた。フキは韓国でも人気が高く、早春の時期は若い葉っぱを、もう少し後になると茎の部分を和えたり、煮付けたりもする。葉っぱは少しエグみがあるので、こうした山菜はコチュジャンやテンジャン（味噌）と和えると美味しい。ほろ苦さ、ほの渋さに春を感じる。

材料（5人分）

フキの若葉 … 370g
長ネギ … 1本半
コチュジャン … 1Tbsp
テンジャン（味噌）… 1Tbsp
ゴマ油 … 1Tbsp
水あめ … 1Tbsp
ニンニク（みじん切り）… 1Tbsp
白ゴマ … 2Tbsp

作り方

1. フキの若葉はよく洗い根を取る。
2. 熱湯で**1**をゆがき、冷水にさらして、水気を切る。
3. **2**を5cmの長さに切る。
4. 長ネギを小口切りにする。
5. ボウルに**3**と**4**を入れ、コチュジャン、テンジャン、ゴマ油、水あめ、ニンニク、白ゴマを加えて混ぜ合わせる。

フキは市場の青果店で購入したもの。水あめの甘味で苦みを抑える。根を取る作業はリビングのソファに座って夫婦一緒に行う。

セバルナムルムチム

세발나물무침

ほのしょっぱい
ウシオツメクサの和え物

セバルナムル（ウシオツメクサ）は、ここ数年でぐっと見る機会が増えた。干潟に生える塩生植物で、ネギやニラよりももっと細く、噛むと中から塩分が染み出てくる。シャキシャキとした食感も面白く、人気が高まって栽培農家が増えたようだ。熱が通りやすいので、ゆがくのは本当にさっと。素材自体の塩気を活かしつつ、塩も控えめを心がけるのがよいようだ。

材料（5人分）

ウシオツメクサ … 600g
焼き塩（塩で代用可）… 1Tsp
ゴマ油 … 1Tbsp
白ゴマ … 2Tbsp

作り方

ナムルはゆがいた後によく水を切るのが大事。焼き塩は塩気がマイルドで甘味があるのが特徴とか。和え物系の味付けによく使う。

1. ウシオツメクサはさっとゆがいて、冷水にさらす。
2. 1を5cmの長さに切って水気を切る。
3. ボウルに2を入れ、焼き塩、ゴマ油、白ゴマを加えて全体を和える。

もっとおいしく！ メモ

ウシオツメクサは生でも食べられる。水でよく洗って、サンチュなどの生野菜と一緒に和えればさっぱりサラダ風にも味わえる。

マンガダッポソッポックム

만가닥버섯볶음

エゴマ粉でコクを出す シメジ炒め

韓国ではマンガダッポソッ（ブナシメジ）よりも、ヌタリポソッ（ヒラタケ）のほうが扱いが多いので、「このキノコはめったにないからヒラタケで代用するように」とイ・ジェスンかあさんから念を押された。「いえいえ、日本ではよく食べるんですよ」というと驚いていた。日韓の些細な違い。どちらで作っても美味しいので、手に入りやすいキノコで作ろう。

材料（5人分）

シメジ … 600g
長ネギ … 1本
サラダ油 … 1Tbsp
焼き塩 … 1Tbsp

ニンニク（みじん切り）… 1Tsp
長ネギ（みじん切り）… 少々
コショウ … 少々
エゴマ粉 … 3Tbsp
白ゴマ … 少々

作り方

1. シメジは石突きを取り、1本ずつにほぐす。
2. シメジをよく洗って、水気を切る。
3. 長ネギを斜め薄切りにする。
4. サラダ油をフライパンにひき、2、3を炒める。
5. 焼き塩、みじん切りニンニク、みじん切りネギ、コショウ、エゴマ粉を加える。
6. 器に盛り付けて、白ゴマを振る。

炒めるときにシメジから水分が出るので、それを利用してエゴマ粉でとろみをつける。エゴマ粉は水の量によって調節しよう。

もっとおいしく！ メモ

シメジはエリンギやヒラタケなどでも代用可。青唐辛子を刻んで入れてもよい。

タシマサム

다시마쌈

さっとゆがいた
生コンブの包みごはん

韓国ではたっぷりの葉野菜を用意し、ごはんを包んで食べる文化がある。これをサムパプ（包みごはん）と呼び、一緒にコンブやワカメを添えることも多い。風味に変化がつくし、葉野菜と組み合わせてもよし。生コンブのあるときは、それだけでも充分主役になる。ヤンニョムカンジャン（薬味醤油）との相性は抜群で、むしろこれだけをごはんに載せても美味しい。

材料（5人分）

生コンブ … 450g

＜ヤンニョムカンジャン（薬味醤油）＞

醤油 … 8Tbsp

ゴマ油 … 1Tbsp

長ネギ（みじん切り）… 3Tbsp

ニンニク（みじん切り）… 1Tsp

粉唐辛子 … 3Tsp

白ゴマ … 3Tsp

作り方

1. 生コンブは熱湯でさっとゆがいて、冷水にさらして、水気を切る。
2. 生コンブの根は包丁で切って除き、10cm幅に切る。
3. 器に盛って、混ぜ合わせたヤンニョムカンジャンを添える。

春が旬の生コンブは細かく穴の開いたものがよいとか。ヤンニョムカンジャンの醤油は夫婦でツーリング（バイクが趣味）に行った際に買ってみた、カニ醤油を今回は使用。

ソゴギムクッ

소고기무국

家庭では定番の
牛肉と大根のスープ

韓国の家庭料理としては定番すぎるほどのスープ。牛肉と大根の組み合わせは実によく、いいダシが出るし、それを吸った大根も美味しい。ひとつ残念なのはこれを飲食店で見かけることがほぼないこと。ふらっと気軽には食べられないので、外国人としては家に招待してくれる友人を作るしかない。まあ、自分で作ればいいのだけど、家庭ごとの味もあるんだよねぇ。

材料（5人分）

水 … 1200cc
大根 … 1/2本
牛肩バラ肉（薄切り）… 220g
豆モヤシ … 240g
長ネギ … 1本
青唐辛子（辛口）… 2本
ニンニク（みじん切り）… 1.5Tbsp
クッカンジャン（薄口醬油）… 4Tbsp
コショウ … 少々

作り方

1. 大根を5mm程度の厚さの短冊に切る。
2. 鍋に水を入れて沸騰させ、1と食べやすい大きさに切った牛肩バラ肉を入れる。
3. 再び沸騰したら、中火にしてアクや余計な脂を除く。
4. 豆モヤシをよく洗い、水気を切って鍋に加える。
5. 長ネギと青唐辛子を小口切りにして鍋に加える。
6. ニンニク、クッカンジャン、コショウで味つけをする。

もっとおいしく！ メモ

豆モヤシを茹でるときは、生臭さが出ないようフタは閉めないこと。

コドゥンオグイ

고등어구이

表面をカリッと
仕上げるサバの焼き魚

　韓国でよく見る焼き魚。サバ、タチウオ、イシモチ、サワラ、サンマ、ホッケあたりが一軍メンバー。これらはごくごく身近な存在であり、飲食店での焼き魚定食だと、このどれかから選ぶことができたりもする。家庭ではフライパンで焼くことも多く、油を多めにして表面をカリッと仕上げる。中はふっくらしっとり。好みでワサビ醤油をつけて食べるのも韓国式だ。

材料（4人分）

塩サバ … 2尾

サラダ油 … 1Tbsp

作り方

1. フライパンにサラダ油をひいて、塩サバを焼く。
2. 油が跳ねないよう、キッチンペーパーをフタがわりにする。
3. 焼き色がついたらひっくり返して両面を焼く。

頭をとって半身にした塩サバは家庭で定番の焼き魚。油をひいたフライパンで腹側から焼いて7～8分、ひっくり返してもう5分ぐらい。

ペチュキムチ

배추김치

白菜に染み込む
かあさんの手の味

キムチの王道はペチュ(白菜)キムチ。市販品を買う家庭も増えたが、手作りにこだわるかあさんもまだ多い。韓国では11月中旬から12月上旬にかけて、長期保存用のキムチを大量に漬ける。この作業をキムジャンと呼び、家族総出で漬けるキムチは白菜だけで何十株にものぼる。白菜も甘味が増す時期。たいへんな作業ではあるが、キムジャンキムチはやはり格別だ。

材料(白菜1株分)

白菜 … 1株

水 … 2000cc

粗塩 … 1カップ(200cc)+ α

キムチヤンニョム
… P159 参照

作り方

1. 大きなたらいに水と粗塩を入れて塩水を作る。
2. 白菜の根元部分に十字の包丁目を入れ、手で割って4等分する。
3. 白菜を1の塩水に浸し、全体に、また葉1枚1枚にも塩水をかける。
4. 白菜を塩水に浸し、3時間ごとにひっくりかえしつつ、計9時間漬ける。
5. たらいに真水を入れ、塩漬けした白菜を3度水をかえながら洗う。
6. 白菜の根元を上にしてざるにあげ、2時間水気を切る。
7. 塩漬けした白菜の葉1枚1枚にキムチヤンニョムを塗り込む。
8. 外側部分の大きな葉で全体を丸く包む。
9. 涼しいところで春秋は1日、夏は半日、冬は2日程度熟成させ、冷蔵庫で保管する。

もっとおいしく! メモ

白菜を塩漬けする時間は季節や白菜の大きさで調整をする。夏は6時間、冬は12時間、白菜が大きい場合は塩漬け時間を長くし、小さい場合は短くする。白菜を洗ったあとに味見をして、薄いようであればキムチヤンニョムに塩1Tbspを加える。やや塩気が強い場合はもう少し真水に浸けて塩抜きをするとよい。

＜キムチヤンニョム＞

材料
大根 … 1本（400g）
梨 … 1/4個
葉ネギ … 80g
カラシナ … 60g
セリ … 40g
長ネギ … 30g
おろしショウガ … 10g
ニンニク（みじん切り）… 100g
アミの塩辛 … 60g
砂糖 … 20g
イワシの魚醤 … 80g
もち粉ペースト
… 下記参照
粉唐辛子 … 150g

作り方

1. 大根を千切りにする。
2. 梨をすりおろす。
3. 葉ネギ、セリは5cm、カラシナは1cmの長さに切る。
4. 長ネギは5cmの長さで白髪ネギにする。
5. **1～4**をボウルに入れ、おろしショウガ、ニンニク、アミの塩辛、砂糖、イワシの魚醤、もち粉ペースト、粉唐辛子を加えてよく混ぜ合わせる。

大根の千切り

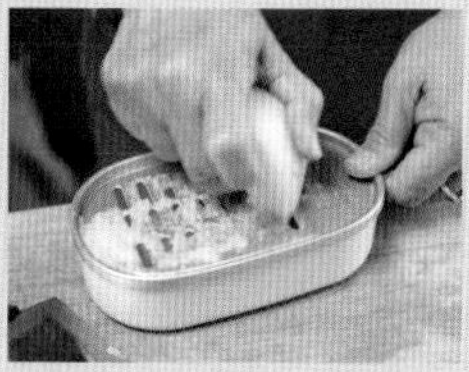
梨をすりおろす

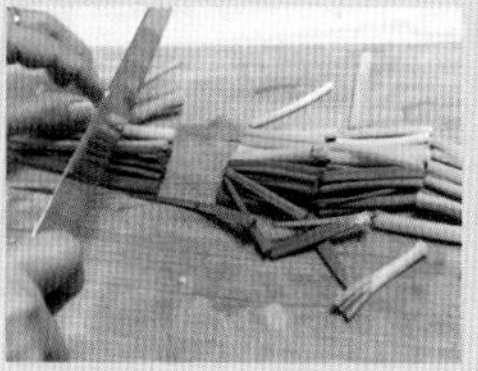
野菜を切る

全体を和える

＜もち粉ペースト＞

水 … 200cc
もち粉 … 50g

作り方

水ともち粉を鍋に入れて火にかけ、全体を混ぜながら沸騰させる。沸騰した状態から全体がとろみを帯びてペースト状になったら火を止めて冷ます。

7:30
和える、
完成

7:10
和える、
完成

8:30
食事開始

ソゴギムクッ

7:20
鍋を火にかけ、
牛肉と大根を
切って入れる

7:30
アクを
取る

8:00
豆モヤシを
洗って鍋に
入れる

8:10
味付けを
する

8:20
ひと煮立ち
させて、完成

コドゥンオグイ

8:10
フライパン
で焼く

8:20
ひっくり返して
両面焼いて、
完成

パプ
（ごはん）

7:20
米にモチアワ
を加えて
洗う

7:50
圧力釜で
ごはんを
炊く

8:20
炊き
あがって、
完成

その他

7:40
夜のための
サムジャン
を作る

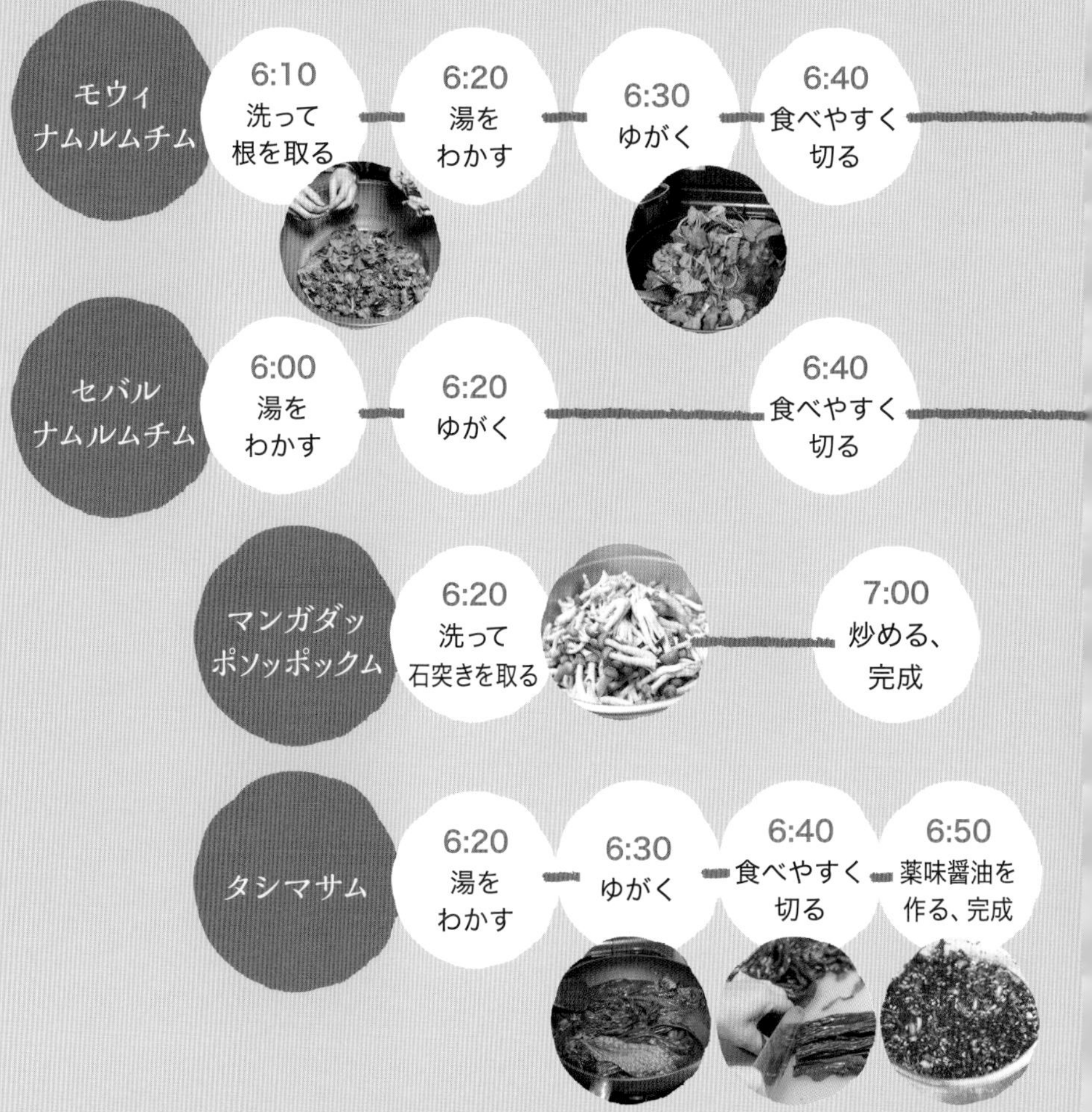

朝食のタイムスケジュール

イ・ジェスンかあさんの朝食作りは6時に開始。ごはん、スープ、副菜5品（普段の日は4品）をどんな手順で仕上げているのか、時間ごとの作業を追いかけてみた。序盤は和え物などの副菜を同時進行で調理。ごはんとスープはできあがりを食事の時間に合わせて直前に。2時間半の間、休むことなく作業が続いた。

ペチュキムチ
白菜キムチ
(体験プログラムで漬けた残り)

サムジャン
包み味噌

クルムチム
牡蠣の和え物

夕ごはん

スユク

수육

お客様のおもてなしに
茹で豚の葉野菜包み

韓国ではキムチを大量に漬けるため、家族や友人らが集まって大々的に作業をすることが多い。ひと通りの作業を終えたら、打ち上げのようにみんなで食事をする。このときよく作られるのがスユクである（ポッサムとも呼ぶ）。作りたてのフレッシュなキムチと相性がよく、包んで食べるとたいへん美味しい。むしろスユクを食べるところまでがキムチ漬けとも言える。

材料（8人分）

豚バラ肉（ブロック）… 1kg
豚肩ロース肉（ブロック）… 1kg
長ネギ … 1本
タマネギ … 1個
ローリエ … 4枚
甘草 … 6片
桂皮 … 4片
ニンニク … 5かけ
ショウガ … 20g
テンジャン（味噌）… 50g
チンガンジャン（濃口醤油）… 2Tbsp
インスタントコーヒー … 1Tsp
粗塩 … 1Tbsp

＜葉野菜＞
サンチュ、エゴマの葉、白菜、タンポポの葉、フダンソウの葉、セロリなどを適当量

＜サムジャン＞
テンジャン … 300g
コチュジャン … 100g
ニンニク（みじん切り）… 1Tbsp
長ネギ（みじん切り）… 1/2本分
白ゴマ … 2Tbsp
水あめ … 2Tbsp
ゴマ油 … 1Tbsp

韓国のスーパーには葉野菜専門のコーナーがある。包んで食べやすくするだけでなく、種類を重ねて味、食感、香りの調和も楽しむ。

作り方

1. 大きな鍋に豚バラ肉、豚肩ロース肉を入れ、浸るぐらいに水を注ぐ。
2. 長ネギは10cmの長さに切って縦半分に割る。タマネギは4等分、ショウガはみじん切りにして鍋に入れる。
3. ローリエ、甘草、桂皮、ニンニク、チンガンジャン、インスタントコーヒー、粗塩、テンジャンを鍋に入れる。
4. 1時間程度煮込んだら、竹串を肉に刺してみて、血がにじまなければできあがり。
5. 食べやすい大きさにスライスし、葉野菜、材料を混ぜ合わせたサムジャン、ペチュキムチ (P158)、クルムチム (P166) を添える。

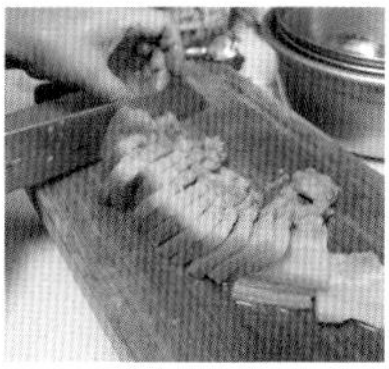

チンガンジャンとインスタントコーヒーは色付けのため。人によってはカラメルを入れたりもする。豚バラ肉は皮付きの人気が高い。

もっとおいしく！ メモ

豚肉は包丁で何度か刺しておくと早く中まで煮える。

クルムチム

굴무침

甘辛酸っぱいタレに
絡めた牡蠣の和え物

韓国でも牡蠣は冬の味覚。11〜2月頃に最盛期を迎える。生牡蠣、和え物、焼き牡蠣、牡蠣チヂミ、牡蠣ごはんなど、その用途は多彩である（なぜか牡蠣フライはほぼ見ない）。韓国では冬に大量のキムチを漬けるので、牡蠣の旬とも重なる。漬けたてのキムチに茹でたてのスユクは定番だが、そこに牡蠣の和え物が加わればより完璧。味の三重奏に悶絶必至である。

材料（8人分）

生牡蠣（生食用）… 400g
葉ネギ … 10本
長ネギ … 1/2本

作り方

1. ムチェ（P167）を準備する。
2. 生牡蠣は粗塩1Tbsp（分量外）を振って揉み込んだのち、水でよく洗って雑味を取る。
3. 洗った生牡蠣はざるにあげて水気を切る。
4. 葉ネギは根の部分は除き、3cmの長さに切る。
5. 長ネギは小口切りにする。
6. **1**、**3**、**4**、**5** をボウル入れて全体を混ぜ合わせる。

牡蠣の名産地は南海岸の統《トン》営《ヨン》。この日の牡蠣は市場で買ったが、統営には剛さんの親戚がいて、新鮮魚介が送られてきたりもする。

＜ムチェ（大根の和え物）＞

材料

大根 … 1kg

粗塩 … 30g

砂糖 … 2Tbsp

粉唐辛子 … 5Tbsp

ニンニク（みじん切り）… 1.5Tbsp

イワシの魚醤 … 1Tbsp

白ゴマ … 2Tbsp

水あめ … 1Tbsp

ショウガ粉 … 1/2Tsp

作り方

1. 大根を千切りにし、ボウルに入れて粗塩、砂糖 1Tbsp を加えてよく揉み込む。
2. 大根がしんなりしたら水で洗って塩気を整え、手でぎゅっと絞って水気を切る。
3. 粉唐辛子、ニンニク、イワシの魚醤、白ゴマ、砂糖 1Tbsp、水あめ、ショウガ粉を加えて全体をよく混ぜ合わせる。

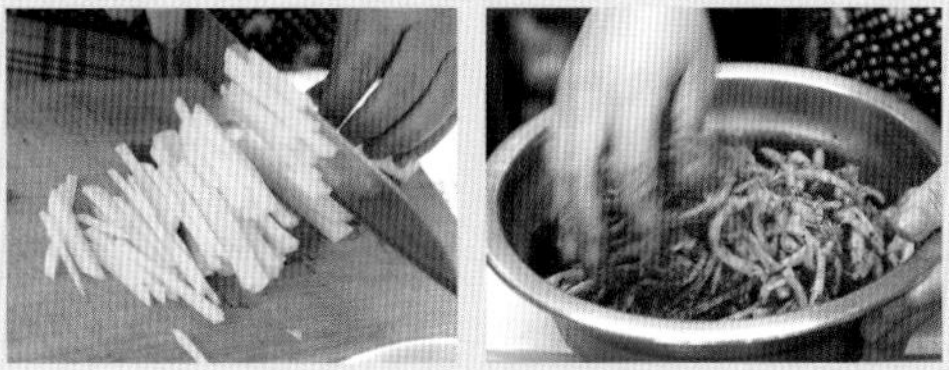

ムチェはクルムチムに使うだけでなく、牡蠣を入れずにさっぱりと大根サラダ風に味わうことも多い。材料にあるショウガ粉は剛さんのお母さんが作ってくれたもの。粉末がなければおろしショウガでもかまわない。

ちょっと一息、豆知識

キムチ作りに挑戦。

イ・ジェスンかあさんのレシピをもとに、ゲストハウス「剛の家」ではキムチ作りの体験ができる。撮影の日、フィリピンからのご夫妻が体験にやってきたので、一緒に参加してキムチを漬けてみた。

リビングにテーブルを用意し、ひと通りの食材、調味料を揃えるのはイ・ジェスンかあさんの担当。実際の指導は語学に堪能な剛さんが行う。日本語のみならず、英語、中国語での説明も可能なのだ。

時間のかかる白菜の塩漬けは前日までに済ませておくので、実際

大根、葉ネギ、カラシナ、セリといった野菜を細かく切って調味料類と混ぜ合わせる。食材や作り方の詳細はP158を参照のこと。

キムチ作り体験の様子。まずはイ・ジェスンかあさんがお手本を見せる。プログラムの中でも人気があるので進行も慣れたものだ。

キムチヤンニョムを塩漬け白菜に塗り込むところ。1枚1枚にしっかり塗り込んだら、いちばん外の大きな葉で全体を包み込む。

キムチに入る材料はすべて小皿に取り分けておく。説明以外に英語で書かれたレシピも用意があるので、ビギナーでもわかりやすい。

の作業は野菜を切って、キムチヤンニョム（薬味ダレ）を作り、塩漬け白菜に塗り込むだけ。説明を含めて30分程度と手軽だが、それでも自分で作ったキムチは喜びもひとしおである。ひとり½株を持ち帰れるので、熟成させて大事に味わおう。

入口前の看板には「韓国文化体験館」とある。韓国観光公社から外国人観光客を迎えるにふさわしいゲストハウスとの認証も受けた。

キムチ作り体験は、韓服（伝統衣装）の試着と写真撮影、韓国版すごろくのユンノリ体験、伝統市場散歩とのセットでひとりW1万5,000。全体の所要時間は約２時間。「剛の家」のウェブサイト（http://www.tuyosi.com/）などから前日までの予約が必要。

キムチ作りを終えたら伝統衣装に着替えて写真撮影。朝鮮時代の王様、王妃様をイメージしたきらびやかな衣装が用意されている。

韓国版すごろくのユンノリを楽しむ。ルールはシンプルなのですぐ覚えられるが、きちんと勝つにはそれなりの戦略が求められる。

ぶらり、市場歩き。

食材を買うならやっぱり市場。このエネルギッシュな生活空間が大都市のソウルでもあちこちに残っている。喧噪の中を歩くだけでも元気になる。

日常の買い物でも市場の利用は多い。特にひきたての粉唐辛子や、搾りたてのゴマ油などその場で加工してもらうものは市場がベストだ。

通りかかって、あれ姉妹？と思ったふたりのハルモニ（おばあちゃん）。美味しそうな塩辛、どちらで買うか悩むなぁ。

市場にはお餅の専門店も多い。つき餅よりも、蒸し餅が多く、店の奥ではシュンシュンと蒸気が上がっている。写真左手前はアズキの蒸し餅。

黒米とキビの生地に黒砂糖あんを入れて、専用の押し器でぐーっと円盤状に焼く。屋台オヤツをグレードアップさせたもの。

クルビ（イシモチの干物）は贈答用にも用いる高級魚。10尾で5〜8万ウォンという値段がついているけど、高いと100万ウォンにもなる。

大量の干しダラを見るとワクワクする。これを煮込んだスープは抜群に美味しい。

乾物店は楽しい。タコやさきイカはそのまま食べて、干したカワハギはちょっと炙る。干しエビはニンニクの芽と炒めておかずに。

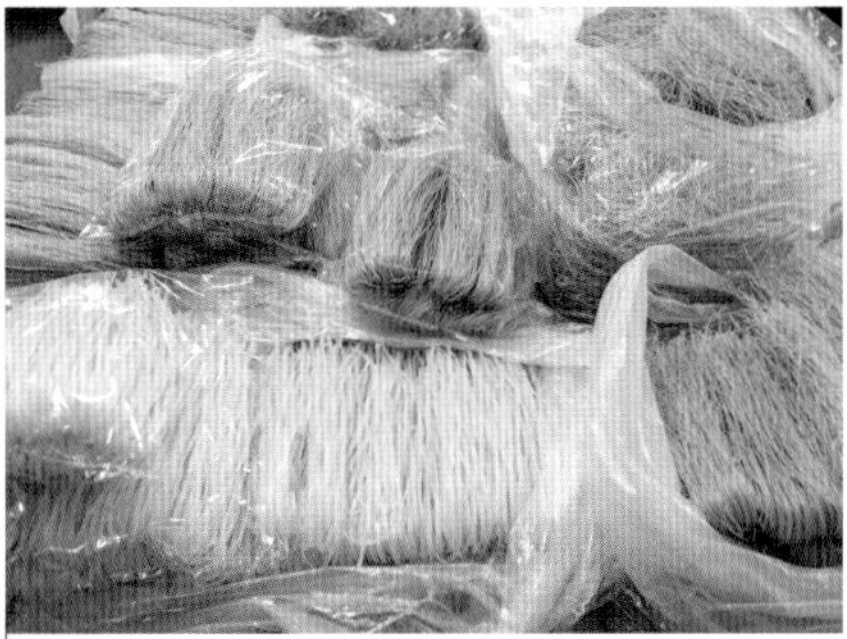

大量の乾燥春雨。少し色が濃いのはサツマイモが原料。家庭料理のチャプチェ（春雨炒め）に使う。

いい買い物をするなら、アジュンマ（おばちゃん）の心をつかむのが大事。ひと言、ふた言でも韓国語を使うとぐっと距離が縮まる。

市場おやつと言えば揚げパン。チャプサルドノッ（もち米ドーナツ）や、クァベギ（ねじり揚げパン）は素通り厳禁。

果物の美味しい韓国はドライフルーツも美味しい。秋の風物詩、カムマルレンイ（切り干し柿）は即買い推奨。最近は凍結乾燥の野菜も人気。

熱心にアイロンをかけるクリーニング店のおかあさん。カメラに気付いて満面のピースまで3秒前。

ガイドブックでよく見るワンフレーズの値下げ交渉は嫌われるので注意。値段表記が義務付けされたので、定価より下がることはまずない。

韓国「調味料&乾きもの」ダイジェスト

本格的な味を求めるなら、やっぱり調味料も韓国のものにこだわりたい。基本となる醤油、味噌、コチュジャンだけでなく、粉唐辛子やエゴマ油あたりも必須アイテム。こだわる人であれば塩、塩辛、ダシ用の乾物にも目を光らせて。

간장
カンジャン

醤油。家庭でよく使うのはクッカンジャン（汁物や和え物に使う薄口醤油、塩分が濃い）、チンガンジャン（煮物に使う濃口醤油、甘味がある）、ヤンジョガンジャン（刺身やタレに使う醸造醤油、風味がよい）の３種。用途で使い分けよう。

使用例　P46、P48、P136 など

まずは基本のジャン

된장
テンジャン

味噌。ほとんどが豆味噌である。伝統的には大豆で作るメジュという味噌玉麹を塩水とともに甕で発酵させて作る。その上澄みがクッカンジャンであり、沈殿物がテンジャンとなる。日本の味噌よりも風味が強く、煮立てても問題ない。

使用例　P26、P112、P128 など

고추장
コチュジャン

唐辛子味噌。伝統的にはもち米、大豆と米で作った麹の粉、粉唐辛子、塩、麦芽などを混ぜ合わせて作る。甘辛い味わいのペースト状で、ビビンバなどのタレのベースにしたり、和え物や煮物、鍋料理などの味付けにも用いる。

使用例　P20、P134、P152 など

고추가루

コチュカル

粉唐辛子。クルグンゴッ（粗びき）、コウンゴッ（細びき）、ポトンマッ（中辛）、メウンマッ（辛口）などさまざまある。料理に辛さを加えるだけでなく、細びきの場合は水キムチの色合いを鮮やかにするといった目的でも使用する。使用例 P30、P52 など

소금

ソグム

塩。西海岸でとれるチョニルリョム（天日塩、またはクルグンソグム＝粗塩）はキムチの塩漬けなどに最適。一般の味付けには天日塩を精製したコッソグム(花塩)や、クウンソグム（焼き塩）、チュギョム（竹塩）などを使用する。使用例 P28、P72 など

참깨

チャムケ

ゴマ。白ゴマはヒンケ、黒ゴマはコムンケ、すりゴマはケソグムと呼ぶ。料理の風味付けとしてさまざまな場面で活躍。薬味ダレに加えたり、仕上げにパラパラと振ることも多い。うるち米と一緒にペースト状に仕立てたお粥にも用いる。使用例 P50、P84 など

마늘

マヌル

ニンニク。韓国料理には欠かせない香りの要素として使われる。みじん切りにして薬味として使用するほか、ニンニクそのものを焼いたり、漬物にしても味わう。店では皮をむいたもの、みじん切りにしたものも別途販売されている。使用例 P44、P80 など

들기름

トゥルギルム

エゴマ油。ゴマ油と並んで韓国の家庭では必需品。できれば加熱をしないほうが風味や栄養価が残るので、和え物やサラダなどに使うことが多い。必須脂肪酸のオメガ３を豊富に含むことから、近年は認知症の予防用としても注目度が高い。使用例 P126、P139 など

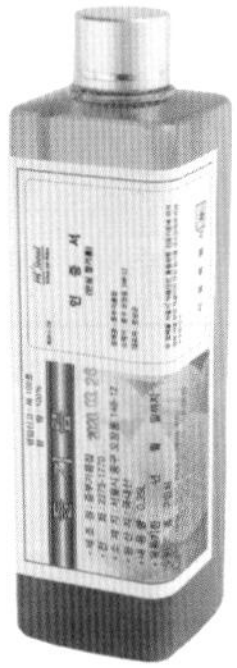

참기름

チャムギルム

ゴマ油。炒め物、和え物、薬味ダレの風味付けなど、ありとあらゆる場面で活躍。市場のパンアッカン（製粉所）に行くと搾りたてを買うこともできる。近年、韓国産のゴマが希少になり、併せてゴマ油も高級品になっている。使用例 P18、P34 など

韓国家庭の常備品

홍고추
ホンゴチュ

生の赤唐辛子。刻んで料理に辛さを加えるだけでなく、料理の彩りとして使われることも多い。赤唐辛子と青唐辛子を少量スライスして仕上げに飾ったりも。辛さだけでなく彩りを重視する場合はパプリカで代用することも多い。使用例 P112

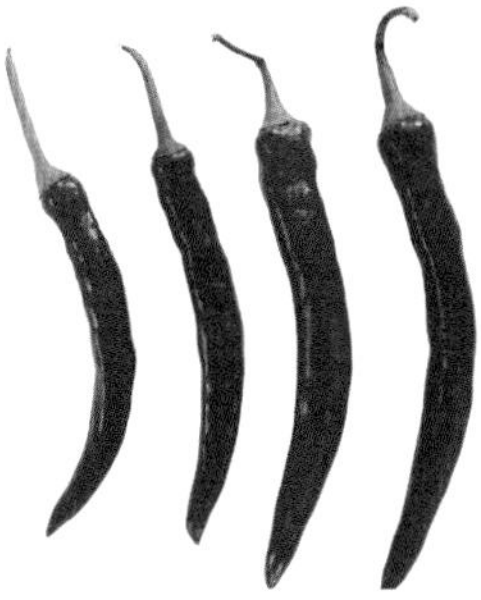

풋고추
プッコチュ

生の青唐辛子。猛烈に辛いものはチョンヤンコチュと呼ぶ。刻んだものを料理に加えて辛さを出すほか、特有の青い風味を加えたいときにも使用される。種を取ってひき肉を詰めて焼いたり、味噌をつけて生でかじったりもする。使用例 P48、P128

새우젓
セウジョッ

アミの塩辛。料理に塩気とうま味の両方を加えることができる。キムチの薬味ダレとしての用途がもっとも一般的だが、豚足や茹で豚のつけダレや、ケランチム（卵蒸し）の味付け、地域によっては鍋料理の味付けにも使用する。使用例 P131、P132

멸치액젓
ミョルチエクチョッ

カタクチイワシの魚醤。塩漬けにしたカタクチイワシの上澄みをとったもの。キムチの薬味ダレに塩味とうま味を加える用途で使うことが多い。少々クセのある風味を持つが、醤油のようにも使用できる。イカナゴの魚醤もよく使う。使用例 P83、P159

들깨
トゥルケ

エゴマ。細かく粉にしたものをトゥルケカルと呼び、スープ料理や鍋料理のコク出し、またはクセの強い料理に対するくさみ取りとして活躍する。和え物に加えたり、またエゴマ油とともにサラダに振りかけても香ばしく美味しい。使用例 P24、P154

あると便利な調味料

쌈장

サムジャン

味付け味噌。焼肉、茹で豚、刺身などを葉野菜に包んで食べるときの味付けとして用いる。テンジャンにゴマ油、ニンニク、ネギ、砂糖などを混ぜ合わせて作る。家庭でも作ることは多いが、市販のものも売られている。使用例 P164

한약재

ハニャクチェ

韓方材。鶏肉、豚肉を茹でる際に香りづけ、くさみ取り、また薬効を加える意味合いで入れることが多い。高麗人参、ナツメ、甘草、キバナオウギなどが代表的であり、これらをまとめたセットも販売される。韓方茶としての利用も多い。使用例 P32、P164

설탕

ソルタン

砂糖。近年の韓国ではペクソルタン(白砂糖)より、ファンソルタン（黄砂糖、粗糖)、フクソルタン（黒砂糖）を使う傾向にある。健康に気を配る家庭では、梅エキスや酵素エキスを作って甘味として使うケースも増えている。使用例 P54、P56

초고추장

チョゴチュジャン

唐辛子酢味噌。チョジャンとも呼ぶ。コチュジャンをベースに酢、またはレモン果汁などで酸味を加えたもの。タマネギや果物のすりおろしを加えたりもする。刺身のつけダレにするのが一般的だが、茹でイカ、茹で豚などとも相性がいい。使用例 P134

청국장

チョングッチャン

促成味噌の一種。納豆のような風味を持つため、韓国版納豆と呼ばれることも多い。ただし日本のようにごはんに載せて食べるのではなく、豆腐や野菜などと煮込んで納豆風味の味噌チゲとして用いる。サラダなどに応用することもある。

식초

シクチョ

酢。米酢、穀物酢、果実酢などさまざまな種類がある。チョムチムと呼ばれる和え物を作るほか、酢醤油を作ってチヂミのタレにすることも多い。地域によってはマッコリを発酵させた酢を料理に用いることもある。写真はリンゴ酢。使用例 P22、P73

물엿

ムルリョッ

水あめ。トウモロコシのでんぷんを原料としている。日本の水あめに比べてさらっとしており、日本でのみりんに似た感覚で用いる。煮付け料理に照りを出したり、薬味ダレに加えることも多い。かわりにオリゴ糖を使う家庭もある。使用例 P152

ちょい足しのアクセント

멸치
ミョルチ

煮干し。ダシとしては定番のひとつ。テンジャンチゲ（味噌チゲ）、カルグクス（手打ちうどん）などの料理に用いる。小さいものは炒めておかずにすることも。カタクチイワシの煮干しだけでなく、サッパ（ままかり）干しもよく使用される。使用例 P78、P128

잣
チャッ

松の実。砕いてゴマのように香りづけとして用いるほか、宮中料理ではペースト状にしたものをソースとして使うこともある。韓方材とともに煮込み料理に使ったり、うるち米と一緒にペースト状に煮込んだお粥としても味わう。

깻잎
ケンニプ

エゴマの葉。青じそによく似ているが風味が大きく異なる。刻んで鍋料理に入れると風味付けになるとともに、クセの強い食材のくさみも抑える。サンチュとともに包んで食べるときの葉野菜としても定番。醤油漬けにしても美味しい。使用例 P164

당면
タンミョン

春雨。サツマイモのでんぷんを使ったもので、日本のものよりもやや太めである。主にチャプチェ（春雨炒め）を作るときに使うが、餃子の具、スンデ（腸詰め）の具、チゲの具としても用いる。きしめんのように幅広のものもある。

북어
プゴ

乾燥スケトウダラ。煮込んでプゴクッ（干しダラのスープ）を作るほか、煮干しなどとともにベースのダシとしても使用する。野外で自然乾燥させたものはファンテと呼ばれやや高級。乾物店では頭だけ、皮だけを干したものも販売する。

調味料、どこで買う？

日本で買う

近年は日本のスーパーでも韓国の食材を扱うようになった。韓国から進出している食品企業もあるので、基本的な調味料やスープの素などは、本場と同じものを日本語パッケージで購入することができる。

より豊富な選択を求めるなら、東京の新大久保、大阪の鶴橋といったコリアンタウンに足を運ぶのがベスト。韓国食材店が集まっているので、本場直輸入の食材、調味料を買うことができる。規模の大きな店では自社生産の韓国惣菜や冷凍食品も扱っており、品揃えの豊富さに目移りするほどだ。

遠距離でなかなかそこまでは足を運べないという場合はネットスーパーが便利。有名どころとしては新大久保の「韓国広場」や「ソウル市場」があり、乾物、調味料、加工食品、酒類など多様な韓国食材を扱っている。

韓国で買う

韓国に行って購入できるのならもちろんそれに越したことはない。マートと呼ばれる大型スーパーに行けばあらかたの食材は揃う。最近は韓国でも核家族化が進んでいるので、ほどよい量で購入できるのも嬉しい。

ある程度まとまった量を購入する場合や、より本格的に食材を揃えるならやはり市場が理想的だ。１ｋｇからの量り売りというところが多いが、粉唐辛子でも煮干しのような乾物でも、質のよいものが手に入る。最近はカードが使える店がほとんどなので、支払いの利便性も高まっている。

厚岩市場

フアムシジャン(후암시장)

ソウル駅から徒歩圏にある在来市場。本誌P144に登場したイ・ジェスンかあさんの行きつけでもある。

規模はそこまで大きくないが、都心部にあってローカルな雰囲気を味わえるのが魅力。近隣には個人経営のスーパーも数軒あるので、生鮮品や乾物だけでなく、市販の調味料類も幅広く揃えることが可能だ。

厚岩市場/フアムシジャン(후암시장)
ソウル市龍山区漢江大路104キル77
(서울시 용산구 한강대로 104 길 77)
電話 +82-2-754-5114
営業時間、定休日は店舗によって異なる

中部市場

チュンブシジャン(중부시장)

地下鉄2、5号線の乙支路4街駅からすぐ。観光客にとってもっとも利便性が高く、かつ豊富な食材を揃えられるのがこの市場だ。

中でも乾物の充実度が高く、煮干しや干しダラ、コンブなどは産地、サイズ、品質で細かく種類分けされる。

高品質な国産の粉唐辛子やゴマ油、エゴマ油の購入にもおすすめ。

中部市場/チュンブシジャン(중부시장)
ソウル市中区乙支路36キル35
(서울시 중구 을지로36길 35)
電話 +82−2−2267−5617
営業時間、定休日は店舗によって異なる

スンジン商会

スンジンサンフェ(순진상회)

煮干し、干しダラ、干しシイタケ、コンブなどを主として扱う乾物の専門店。統営《トンヨン》産の高級煮干しは１・５ｋｇでＷ１万８０００。いいものは奥の冷蔵庫に保管してあるので、店頭だけで判断せず、店の人に確認しよう。

スンジン商会／スンジンサンフェ（순진상회）
ソウル市中区乙支路３２キル５
（서울시 중구 을지로３２길 ５）
電話 ＋８２－２－２２７７－９２９５
営業時間 ５時～18時　日曜定休

中部農産

チュンブノンサン(중부농산)

貴重な国産の粉唐辛子やゴマ油、エゴマ油はこの店で。３５０ｍｌのゴマ油は１本Ｗ２万、エゴマ油はＷ1万５０００（中国産はどちらもＷ８０００）。粉唐辛子は１ｋｇＷ４万～。国産ゆえに値段は張るが間違いないものが買える。

中部農産／チュンブノンサン（중부농산）
ソウル市中区マルンネ路１１３
（서울시 중구 마른내로 １１３）
電話 ＋８２－２－２２７５－１７７０
営業時間 ５時～17時　日曜定休

インデックス 種類別

料理の種類により、大きく11のカテゴリに分けました。

インデックス 食材別

使用食材によって
おおまかに分類しました。

米類

牛肉

豚肉

鶏肉・卵

野菜・キノコ

魚介類

海藻

果物

その他

今日もどこかで、
かあさんの味。

八田靖史（はった・やすし）

コリアン・フード・コラムニスト。慶尚北道、および慶尚北道栄州市広報大使。ハングル能力検定協会理事。1999 年より韓国に留学し、韓国料理の魅力にとりつかれる。その魅力を伝えるべく執筆活動を始め、現在は講演やグルメツアーのプロデュースも行う。著書に『韓国行ったらこれ食べよう！』（誠文堂新光社）ほか多数。ウェブサイト「韓食生活（www.kansyoku-life.com/）」を運営。

韓国かあさん：윤영애、박수경、박진표、박정숙、
박오나、이난희、윤진희、김영자、이재순

撮影：佐藤憲一

コーディネート：丹野幸子

装丁・デザイン：木村 愛

編集：株式会社エディポック

台所《だいどころ》にお邪魔《じゃま》して、定番《ていばん》のナムルから
伝統食《でんとうしょく》までつくってもらいました！

韓《かん》国《こく》かあさんの味《あじ》とレシピ

2020 年 3 月 16 日　発　行　　NDC596
2021 年11月 12 日　第 3 刷

著　者　八田靖史《はったやすし》
発行者　小川雄一
発行所　株式会社 誠文堂新光社
〒113-0033 東京都文京区本郷 3-3-11
電話 03-5800-5780
https://www.seibundo-shinkosha.net/

印刷所　株式会社 大熊整美堂
製本所　和光堂 株式会社

ISBN978-4-416-51993-6